SHINSHU MATSUMOTO
SINCE 1965
YAMAGA F.C.
©松本山雅FC
AEON MALL
JN151147
頑張れ！
松本山雅FC
AEON MALL イオンモール松
AEON
豊科店
南松本店
木曽福島店
諏訪ステーションパーク店
箕輪店
飯田店
飯田アップルロード店
AEON STYLE
イオンスタイル松本
イオンスタイル上田
AEON Pay
©2011 YAMAGA
サッカー大好きWAONで
松本山雅FCとつながろう！
電子マネー WAONの利用方法が選べます
カードで利用！
大好き 松本山雅FC WAON
WAON
MATSUMOTO Yamaga F.C.
LICENSED BY J.LEAGUE
松本山雅FC 公式マスコット/ガンズくん ©2011 YAMAGA
発行手数料300円税込
WAONアプリをダウンロードしていますぐ無料で発行しよう！
App Store からダウンロード
ダウンロードはこちら！
サッカー大好き WAON
Pay
発行手数料無料
「大好き松本山雅 FC WAON」はご利用金額の一部がチームの活動支援に役立てられます。
※サッカー大好きWAONカードをご利用の場合、同じカードを『WAONアプリ』から発行して、Apple PayのWAONをご利用いただけます。詳しくは WAON 検索
お客さま感謝デー
毎月20日・30日
このマークのついたカードがすべて対象です
Apple Pay の WAON・モバイル WAONも対象です
各種イオンマークのカードのご利用・読み取りAEON Payのスマホ決済、イオン銀行キャッシュカードの読み取りまたは電子マネーWAONのお支払いで
今ついている本体価格から レジにて
食料品
衣料品
暮らしの品
5%OFF
※割引対象外商品がございます。※専門店など、実施していない店舗がございます。※詳しくは売場係員までおたずねください。
詳しくはこちら イオン 感謝デー
AEONは松本山雅FCを応援しています。

最後の最後で……

J2昇格 PO決勝で逃す

明治安田生命Jリーグ3部（J3）は12月7日、2024年シーズンのJ2昇格プレーオフ決勝を行い、年間順位4位の松本山雅FCは同3位のカターレ富山に2－2で引き分けた。引き分けの場合は年間上位チームが昇格するため、4年ぶりのJ2復帰は果たせなかった。来季もJ3で〝J2への帰還〟を期す。

松本山雅の今季の年間成績は16勝12分け10敗で勝ち点60。「ツヨクナル」をスローガンに掲げた霜田正浩監督2年目の今季は、成熟した布陣による安定感が期待されたが、後半の立ち上がりの悪さや守備のほころびによる終了間際の失点などの自滅的なミスも目立ち、連勝も続かなかった。

上昇気流に乗れない流れは終盤まで続き、4戦勝ちなしで10月に自動昇格は消滅。しかし第34節YS横浜戦で戦術を守備重視に転換して〝トンネル〟を脱してからは5連勝の快進撃。勝ち点3を積み上げてプレーオフ出場圏に入り、最終節1試合を残して6位以上を確定させた。プレーオフ準決勝（対福島ユナイテッドFC、年間5位）は1－1の引き分けで決勝へ勝ち上がったが、最後の最後――終了間際の失点で切符を取り損ねた。

Jリーグが今季初めてJ3に導入した昇格プレーオフにより3位以降の闘いも白熱。山雅サポーターの声援も最終盤までスタンドにとどろき、サンフロアルウィンには熱い光景が戻った。それだけに

大きなチャンスを逃した無念さは大きい。26年から始まる秋春制の導入も見据え、シーズンを通した勝負強いチームをいかにつくるかが大きな宿題となった。

戦術変更で猛追 一歩及ばず

リーグ戦が佳境を迎えた9、10月、松本山雅がJ2昇格に迫ると予想した人がどれだけいただろうか。第33節の鳥取戦は守備が崩壊して4失点の逆転負けで11位まで後退。残り5試合で5連勝という猛スパートを見せたが、あと一歩、あと1点届かなかった。

鳥取戦の後、運営会社の小沢社長ら経営幹部と霜田監督やスタッフと話し合いの場が持たれた。「戦術の話は一切していない。『勝つことにこだわって、みんなで戦いましょう』と話した」と小沢社長。直後の第34節のYS横浜戦、突如として攻撃的な4バックから守備的な3バックに変わった。

霜田監督は「自分が求めている理想のサッカーが、昇格するために一番適していると思っていた。でも、この世界は結果が必要。原点に戻った」と説明。大きな決断により、チームは劇的な変化を遂げた。

それまでは守備の連係のほころびが目立ったが、守備時は5バックではね返した。選手たちの長所も引き出され、相乗効果が生まれた。ベンチから外れる時期が長かった33歳の高橋は、3バックの中央で起用されるとJ1で培った統率力を発揮。宮部、野々村を動かして守備に安定感をもたらした。

守備が課題だったボランチの安永も「自分の位置でボールを奪いやすくなった」。推進力がよみがえり、「適材適所」の堅守速攻を持ち味とする集団に生まれ変わった。

大内は「戦い方が明確になったことで"ずれ"がなくなってきた」と変化を強調。その言葉通り、第33節までは平均1.30だった失点が、残り5試合に限れば0.40と大幅に改善。5試合で12ゴールと得点力も増し、勢いを加速しながらプレーオフに乗り込んだ。

ただ、リーグ戦全体を振り返れば勝ち点3を積み重ねる戦い方が定まらず、引き分けは12試合あった。最終決戦で明暗を分けたのは年間順位の差だった。就任2年目を終えた霜田監督は「プレーオフには行けたが、引き分けの数が多すぎた。そこで勝ち切るチームをつくれれば、もう少し上の順位で終われたと思う」と悔しさをにじませた。

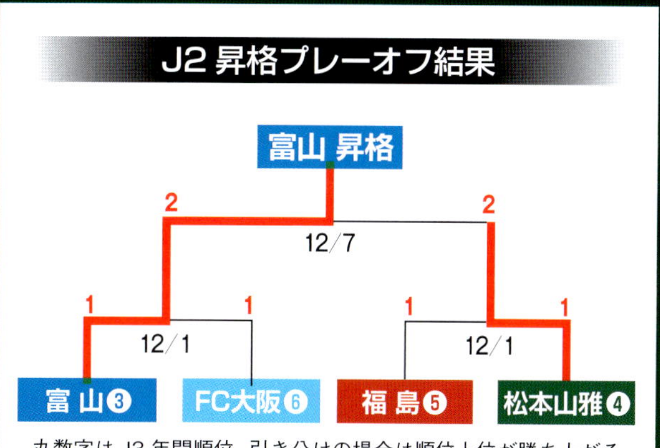

丸数字は J3 年間順位　引き分けの場合は順位上位が勝ち上がる

小雨の中のアウェー試合にもかかわらず、松本山雅サポーターは約4000人が詰めかけた。試合後は最後まで戦った選手たちをねぎらった＝12月7日午後4時5分、富山市の富山県総合運動公園陸上競技場

目次

昇格プレーオフ決勝 12/7 Away

2 - 2

富　山　松本山雅

こぼれ落ちた切符 終了間際に同点許す

年間3位の富山と引き分け、J2昇格は果たせなかった。直近4試合連続で同じ先発メンバーの3-4-3、富山は4-4-2で臨んだ。立ち上がりはロングボール主体の富山の攻撃に後手に回ったものの、前半18分に菊井の浮き球パスを中央で収めた安永が右足で決めて先制。26分には左CKを樋口が頭でたたき込んで2点目を奪った。後半は5バックで富山の攻撃をはね返したが、35分に自陣右からのクロスを富山の碓井に頭で押し込まれた。その後は富山の猛攻に遭い、48分に自陣左からのクロスを再び碓井に頭で決められた。

試合終了の笛が鳴ると、選手たちはがっくりと崩れ落ち、ピッチの上で動けなかった。富山サポーターは歓喜に沸き、大型モニターにはヒーローインタビューが映し出される。ほんの数分前まで手の中に収めていたJ2復帰の切符。試合はドローだったが、勝者と敗者のコントラストは残酷なまでにくっきりと浮かび上がった。

前半にゲームを支配したのは松本山雅だった。前半14分に富山の松岡の強烈なシュートを大内が好セーブでしのいでチームを鼓舞すると、攻撃に火が付いた。18分に左サイドの菊井がゴール前に浮かせたボールを安永が絶妙なトラップで収め、相手をかわして右足で鮮やかな先制点を奪う。26分の樋口のヘディングシュートで2点をリードし、大内は「理想以上の形で前半を終えた。ハーフタイムは、全員で『守りに入ったらやられる』と声をかけ合った」。この時点では一分の隙もなかった。

攻め急ぐ富山の攻撃をはね返し、後半も盤石な展開が続くかと思われたが、時間の経過とともに単調なプレーに陥っていった。

猛攻に耐えながらボールを奪っても、大きくクリアするだけの場面が増え始める。「あれは自分たちが目指すサッカーじゃなかった」と野々村。ベテランの山本康が「2−0から（富山が攻勢を強める）あの展開は予想できた。一人一人がどうやってリードを保ったまま時間を使うか考えなければいけなかった」と悔やんだ通り、完全に守勢に。35分に自陣右からのクロスで1点を返されると、試合終了間際の48分、自陣左からのクロスを仕留められて万事休した。

今季、先制した試合の勝率5割7分7厘はリーグ14番目。5バックで守るシステムを導入した残り5試合は突貫工事で堅守を仕立てたが、大一番で耐え抜くゲーム運びや連係の成熟度までは高められなかった。「まずはクロスを上げさせてはいけない。GKが（前に）出るか出ないかも含めて、わずかな判断の差が勝負を分けた」と霜田監督。ほんの少しのところで勝ちをつかみきれなかった今季を象徴するゲームだった。

【プレーオフ準決勝の内容はp90】

ほんの少し足りなかった

霜田監督　応援してくれた全ての皆さんに本当に申し訳ない気持ち。選手たちは最後の最後まで戦ってくれた。ほんの少し、いろいろなことが足りなかったので昇格に届かなかった。僕たちはハードワークをやってきたし、諦めないサッカーをやってきた。3点目を取りにいき、2点目を守り切る。2−1で締めたかった。そのための練習もしてきたが、彼ら（富山）が僕らを上回った。

J2昇格プレーオフ決勝
12/7 富山県総合運動公園陸上競技場
▶11,847人　▶雨

カターレ富山 2-2 松本山雅FC

			0	前	2		
			2	後	0		
			6	SH	7		
			4	CK	5		
			13	FK	10		
GK	1	田川	知樹	大内	一生	1	GK
DF	23	西矢	慎平	野々村	鷹人	44	DF
DF	2	脇本	晃成	高橋	祥平	4	DF
DF	4	神山	京右	宮部	大己	2	DF
DF	25	安光	将作	佐相	壱明	22	MF
MF	6	瀬良	俊太	山本	康裕	15	MF
MF	16	末木	裕也	安永	玲央	46	MF
MF	8	松岡	大智	樋口	大輝	40	MF
MF	28	布施谷	翔	村越	凱光	41	FW
FW	10	マテウスレイリア		安藤	翼	14	FW
FW	9	碓井	聖生	菊井	悠介	10	FW
交代要員							
MF	17	坪川	潤之	常田	克人	5	DF
MF	18	伊藤	拓巳	橋内	優也	13	DF
MF	33	髙橋	馨希	山本	龍平	17	DF
FW	11	松本	孝平	米原	秀亮	32	MF
FW	27	吉平	翼	浅川	隼人	11	FW

●得点【富】碓井（後35、後48）【松】安永（前18）樋口（前26）
●交代【富】布施谷➡伊藤（後0）瀬良➡高橋（後0）松岡➡吉平（後21）レイリア➡松本（後35）西矢➡坪川（後42）【松】安藤➡浅川（後14）佐相➡山本龍（後24）高橋➡橋内（後42）宮部➡常田（後42）村越➡米原（後42）
●警告【富】瀬良、碓井【松】山本龍

前半18分、先制ゴールを決めて喜ぶ安永（右）

後半48分、富山サポーターが同点ゴールに沸き上がる中、うなだれるGK大内(左から2人目)ら

前半20分、左CKに頭で合わせて
追加点を決める樋口(左)

樋口―悔しさかみしめ次へ

前半26分、菊井の左CKに頭で合わせ、2点目のゴールを決めたのは育成組織出身の樋口だった。完璧なタイミングと位置取りは「練習通り」。リードを広げたが、勝利には届かず、大卒1年目のシーズンはゴールの喜びよりも悔しさが勝る幕切れとなった。

後半、自陣右サイドでボールを持った相手選手に振り切られてクロスを入れられたことが1失点目につながった。「自分が(クロスを)上げさせなければ失点もなかったと思う」と唇をかんだ。

塩尻市出身の23歳。育成組織で過ごした高校時代に見た、満員のアルウィンの大声援を背にピッチを必死に走るトップチームの選手の姿が脳裏に焼き付いている。

「松本山雅はここ(J3)にいちゃいけないクラブだと思う」。ずっと見てきた景色に戻りたい——。「絶対にJ2に上がらないといけない。またみんなでいい準備をしていく」。悔しさをかみしめ、来季への決意を新たにした。

選手紹介
List of Players

Kaiga MURAKOSHI

MF 41

村越凱光

❶2001.10.7 ❷神奈川県 ❸167/64
❹5 ❺JFL青森

Yusuke KIKUI

MF 10

菊井悠介

❶1999.9.17 ❷大阪府 ❸173/73
❹3 ❺流通経済大

Hayato ASAKAWA

FW 11

浅川隼人

❶1995.5.10 ❷千葉県 ❸178/70
❹新 ❺奈良

Tsubasa ANDO

FW 14

安藤 翼

❶1996.5.12 ❷大分県 ❸170/67
❹新 ❺相模原

Daiki HIGUCHI

DF 40

樋口大輝

❶2001.9.10 ❷塩尻市 ❸173/70
❹2 ❺専修大

Issei OUCHI

GK 1

大内一生

❶2000.9.8 ❷イタリア ❸186/84
❹新 ❺鹿児島

監督 Masahiro SHIMODA

霜田正浩

都立高島高を卒業後、ブラジルへのサッカー留学を経て日本リーグのフジタ(現J1湘南)などでプレー。現役引退後はFC東京の強化担当や千葉のコーチなどを歴任。2009年から日本サッカー協会の技術委員として代表強化を担当し、14～16年は技術委員長。18年からJ2山口を3シーズン率い、21年6月から22年途中までJ2大宮を指揮した。東京都出身、57歳。

❶生年月日 ❷出身地
❸身長cm/体重kg ❹通算在籍年数
❺前所属(期限付き移籍、
一部現所属含む)

MF 32
米原秀亮

❶1998.4.20 ❷熊本県 ❸184/72
❹6 ❺甲府

DF 17
山本龍平

❶2000.7.16 ❷三重県 ❸172/64
❹5 ❺長野

DF 5
常田克人

❶1997.11.27 ❷埼玉県 ❸187/82
❹5 ❺仙台

MF 15
山本康裕

❶1989.10.29 ❷静岡県 ❸179/77
❹新 ❺磐田

DF 22
佐相壱明

❶1999.6.16 ❷東京都 ❸174/67
❹新 ❺相模原

MF 46
安永玲央

❶2000.11.19 ❷東京都 ❸177/72
❹2 ❺水戸

DF 2
宮部大己

❶1998.10.16 ❷東京都 ❸178/70
❹4 ❺法政大

DF 44
野々村鷹人

❶1998.5.13 ❷滋賀県 ❸183/78
❹4 ❺流通経済大

❶1997.10.28 ❷兵庫県 ❸178/67
❹2 ❺北九州

❶1991.10.27 ❷東京都 ❸180/73
❹新 ❺神戸

❶1991.6.23 ❷東京都 ❸175/72
❹新 ❺浦和

❶1996.1.17 ❷東京都 ❸175/70
❹3 ❺町田

❶2002.7.9 ❷松本市 ❸187/75
❹4 ❺松本山雅U-18

❶1999.8.29 ❷静岡県 ❸168/64
❹2 ❺清水

❶1999.8.19 ❷愛知県 ❸181/73
❹3 ❺東京学芸大

❶2003.8.22 ❷大阪府 ❸165/59
❹新 ❺G大阪

前田陸王 Rio MAEDA MF 20

❶2002.3.31 ❷北海道 ❸177/66
❹新 ❺流通経済大

村山智彦 Tomohiko MURAYAMA GK 16

❶1987.8.22 ❷千葉県 ❸184/78
❹11 ❺湘南

高井和馬 Kazuma TAKAI FW 9

❶1994.8.5 ❷千葉県 ❸178/75
❹新 ❺横浜FC

橋内優也 Yuya HASHIUCHI DF 13

❶1987.7.13 ❷滋賀県 ❸175/72
❹8 ❺徳島

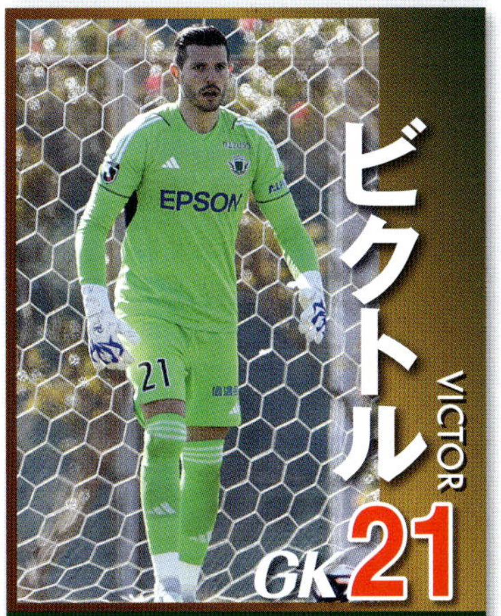

ビクトル VICTOR GK 21

❶1989.4.21 ❷スペイン ❸191/85
❹3 ❺山形

田中想来 Sora TANAKA FW 42

❶2004.11.11 ❷宮田村 ❸174/71
❹2 ❺ゲイランFC

二ノ宮慈洋 Jiyo NINOMIYA DF 27

❶2003.11.10 ❷群馬県 ❸190/73
❹3 ❺都農(九州L)

國分龍司 Ryuji KOKUBU MF 30

❶2000.10.4 ❷大阪府 ❸172/64
❹2 ❺大阪学院大

シーズン途中移籍

FW 33
新井直登
8月、東海リーグ1部刈谷へ期限付き移籍

FW 50
ジョップ・セリンサリウ
3月、J2長崎から育成型期限付き移籍加入➡7月、長崎へ復帰

DF 28
藤本裕也
7月、JFL青森へ期限付き移籍

Gen MATSUMURA 松村 厳 MF 36

❶2002.6.20 ❷福井県
❸178/75 ❹新
❺専修大在
【Jリーグ・JFL特別指定選手】

スタッフ

ヘッドコーチ
早川知伸

ディベロップメントコーチ
加藤 望(新)

テクニカルコーチ
武石康平

GKコーチ
吉本哲朗

フィジカルコーチ
國保 塁

ポルトガル語通訳
フェリペ

ドクター
百瀬能成

チーフトレーナー
井上浩司

トレーナー
千葉千里
杉内文也

主務
白木 誠

副務
齋藤薫平(新)
平林和昌
谷口滉弥

新体制発表会での書道パフォーマンス
＝1月8日、まつもと市民芸術館

J3リーグ 2024 38試合レビュー

最終順位

順位	クラブ	勝点	試合	勝	分	負	得点	失点	得失点差	
1	大宮	85	38	25	10	3	72	32	40	J2昇格
2	今治	73	38	22	7	9	62	38	24	J2昇格
3	富山	64	38	16	16	6	54	36	18	
4	**松本**	**60**	**38**	**16**	**12**	**10**	**61**	**45**	**16**	①
5	福島	59	38	18	5	15	64	49	15	
6	FC大阪	58	38	15	13	10	43	31	12	
7	北九州	56	38	15	11	12	41	39	2	
8	岐阜	53	38	15	8	15	64	56	8	
9	相模原	53	38	14	11	13	41	41	0	
10	沼津	52	38	15	7	16	53	46	7	
11	八戸	52	38	13	13	12	44	42	2	
12	金沢	50	38	13	11	14	50	52	-2	
13	鳥取	50	38	14	8	16	49	65	-16	
14	琉球	47	38	12	11	15	45	54	-9	
15	宮崎	46	38	12	10	16	46	50	-4	
16	讃岐	43	38	10	13	15	48	52	-4	
17	奈良	39	38	7	18	13	43	56	-13	
18	長野	37	38	7	16	15	44	57	-13	
19	YS横浜	32	38	7	11	20	34	64	-30	②
20	岩手	22	38	5	7	26	27	80	-53	③

①昇格プレーオフ出場枠
②J3・JFL入れ替え戦出場枠
③J3会員資格自動喪失枠

選手出場記録

背番号	選手名	出場試合数（時間＝分）	得点	
1	大内　一生	30（2,700）	0	
2	宮部　大己	21（1,439）	0	
4	高橋　祥平	13（1,015）	1	
5	常田　克人	28（2,264）	1	
6	山口　一真	25（929）	3	
7	馬渡　和彰	18（1,081）	0	
8	住田　将	12（313）	0	
9	高井　和馬	6（116）	1	
10	菊井　悠介	32（2,626）	6	
11	浅川　隼人	32（2,161）	13	
13	橋内　優也	11（453）	0	
14	安藤　翼	38（2,305）	6	
15	山本　康裕	35（2,864）	1	
16	村山　智彦	0（0）	0	
17	山本　龍平	31（2,159）	2	
20	前田　陸王	5（40）	0	
21	ビクトル	0（0）	0	
22	佐相　壱明	27（1,154）	1	
23	滝　裕太	20（878）	0	
25	中村　仁郎	12（597）	1	
27	二ノ宮慈洋	3（20）	0	
30	國分　龍司	5（43）	0	
32	米原　秀亮	25（2,037）	1	
35	神田　渉馬	8（720）	0	
36	松村　厳	0（0）	0	
40	樋口　大輝	33（2,366）	6	
41	村越　凱光	36（2,205）	8	
42	田中　想来	0（0）	0	
44	野々村鷹人	31（2,198）	4	
46	安永　玲央	34（1,963）	2	
48	藤谷　壮	19（679）	1	
28	藤本　裕也	0（0）	0	移籍
33	新井　直登	0（0）	0	移籍
50	ジョップセリンサリウ	10（249）	0	移籍

順位・勝ち点の推移

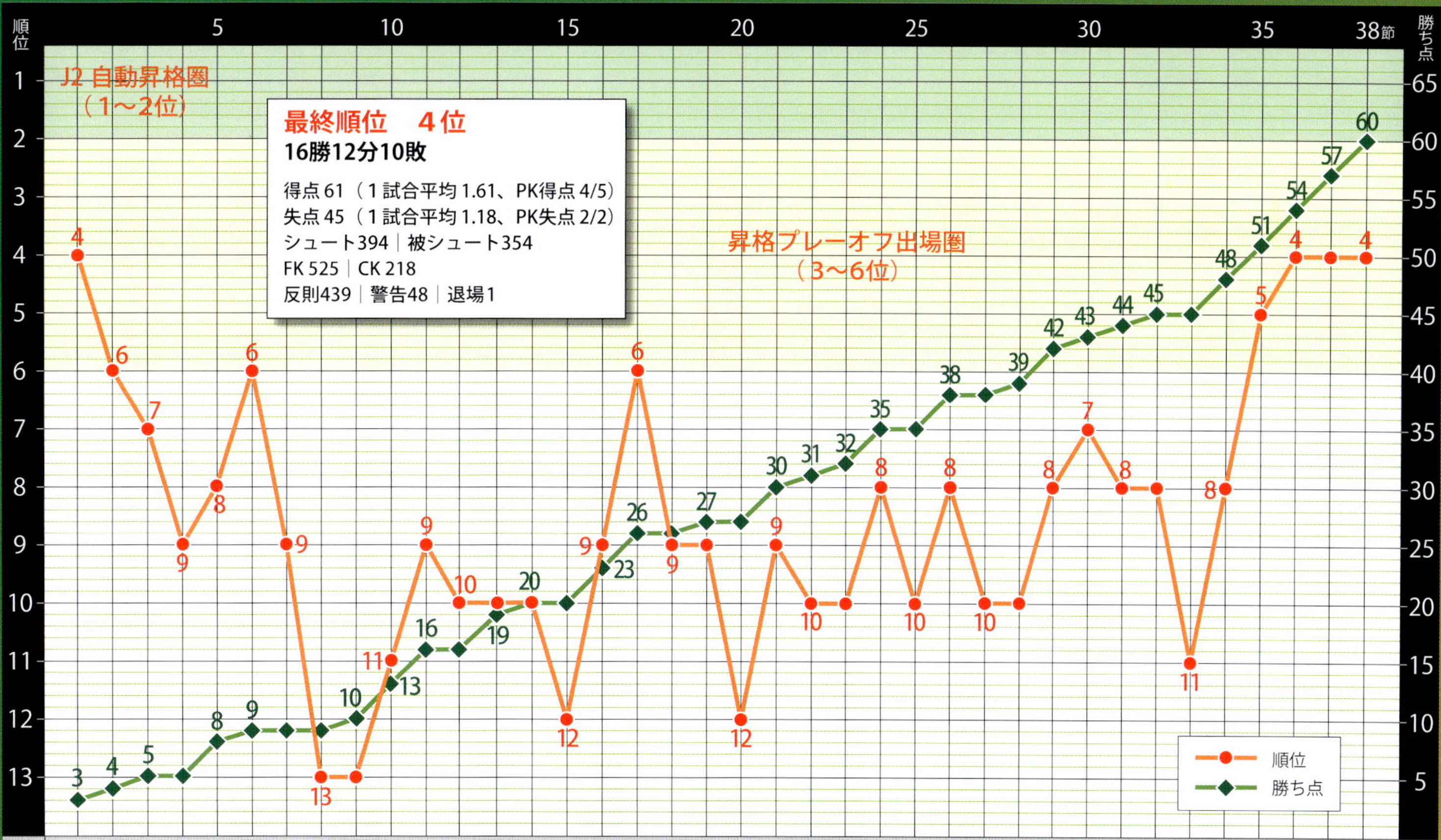

節	1	2	3	4	5	6	7	8	10	9	11	12	13	14	15	16	17	18	19
月日	2・25	3・2	3・9	3・17	3・20	3・23	3・31	4・6	4・13	4・20	4・28	5・3	5・6	5・18	6・1	6・8	6・16	6・22	6・29
対戦	宮崎	琉球	Y横浜	福島	岩手	F大阪	岐阜	金沢	奈良	讃岐	富山	八戸	大宮	北九州	今治	鳥取	沼津	相模原	長野
勝敗	2○1	2△2	1△1	0●1	1○0	0△0	1●2	1●6	2△2	2○1	3○1	1●2	2○0	1△1	1●2	4○0	4○0	2●3	1△1

節	20	21	22	23	24	25	26	27	28	29	30	31	32	33	34	35	36	37	38
月日	7・6	7・14	7・20	7・27	8・17	8・24	8・31	9・7	9・14	9・22	9・29	10・5	10・13	10・20	10・26	11・2	11・9	11・16	11・24
対戦	八戸	F大阪	北九州	福島	相模原	富山	岐阜	大宮	今治	讃岐	奈良	長野	金沢	鳥取	Y横浜	宮崎	岩手	琉球	沼津
勝敗	0●1	2○0	0△0	1△1	3○2	0●3	1○0	0●1	1△1	4○1	1△1	1△1	1△1	3●4	2○0	1○0	6○1	2○1	1○0

※赤字はホーム試合

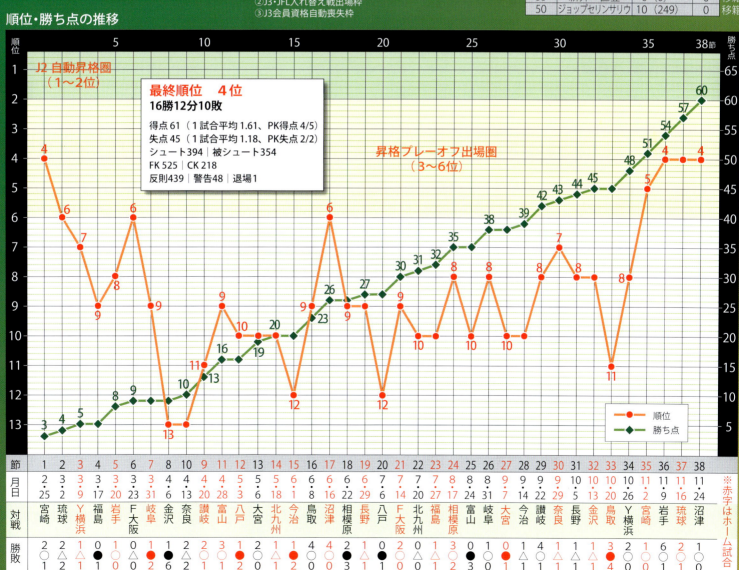

見せた潜在能力
「選手自ら判断」に手応え

4-5-1の布陣。新戦力の山本康が住田とダブルボランチを組み、サイドバックは左に大卒新人の樋口、右に馬渡が入った。ワントップに浅川、GKに神田を起用した。立ち上がりから押し込むと、前半15分にFKの流れから樋口が左足で押し込んで先制。同37分には右クロスを樋口が頭で折り返し、浅川のシュートがオウンゴールを誘って追加点を挙げた。後半13分に1点を返され、終盤は押し込まれる展開だったが、粘り強い守備で逃げ切った。

前半15分、先制点を決めて喜ぶ樋口（左）と安藤

第1節　2/25　Away

宮　崎		松本山雅
1	-	2

積み上げてきた自信とJ3の荒波にこぎ出す不安……。開幕戦独特の緊張感と重圧は霜田監督も織り込み済みで「やっぱり練習試合と公式戦は違うね」。それでも、J3の頂点を狙う潜在能力の高さは十分に見せた。

宮崎の守備網を突破するパスワークは圧巻だった。「相手を見ながらポジションを取り、（相手が）出てきたスペースをみんなで共有できた」と滝。中盤が流動的に動き回って縦パスを引き出し、落とし、一気に前進する。菊井、安藤、馬渡の鮮やかなパスワークから右サイドを攻略して生まれた2点目が象徴的で、馬渡は「キャンプからずっと取り組んできた形」と納得の表情でうなずいた。

霜田監督の就任1年目だった昨季は、攻撃的なスタイルを掲げながら手詰まりになるゲームも目立った。J1磐田から加入した経験豊富なボランチ山本康は「相手の逆を突くのがサッカー。当初はそういうプレーが全くなかった。みんな言われた通りにやっている感じだった」と印象を語る。

それでも、キャンプ中に山本康、高橋、馬渡らJ1を知る選手たちがプレーと言葉で伝授。霜田監督は「前半はピッチの中で『選手たち自らが判断する』という部分で押し込めた」と確かなレベルアップを実感する。

ただし、手放しでは喜べない。後半は判断ミスから1点を返され、最終盤まで守備に追われる場面も。「追加点を取られなかったのは良かったが、もう少し守備の判断力が必要だった」と常田。今季のスローガンは「OneSoul　ツヨクナル」。“真の強さ”を探す旅は始まったばかりだ。

前半37分、シュートが相手のオウンゴールを誘う。追加点を喜ぶ浅川（右）

いいスタートが切れた

霜田監督　新加入選手と去年の選手がキャンプの中では非常に良い融合を見せていたけれど、やはり『練習試合と公式戦は違うな』と思った。それでも、若い選手もベテラン選手もやろうとしたことにしっかりトライしてくれた。勝ち点3が取れて本当にいいスタートが切れたと思っている。もっと力を積み上げて、もっと良いゲームをして、もっと結果を出せるようにしたい。

前半15分、樋口（左から２人目）が先制点を決める

サポーターと開幕戦勝利を喜び合う選手たち

前半、相手のシュートを止めるGK神田

後半51分、頭で同点ゴールを決める野々村

土壇場で同点弾 再三の決定機生かせず

土壇場で追いついて黒星は回避したものの、開幕2連勝はならず。開幕戦から先発3人を入れ替えた。けがの菊井と滝に代わって山口と村越が先発し、安藤をトップ下で起用。ボランチは住田に代えて安永が山本康とコンビを組んだ。前半は互いに決定機を外して両チーム無得点で迎えた後半5分、右サイドを崩した流れから村越が左足で決めて先制した。しかし、16分にPKで追いつかれると、41分にはカウンターからの失点で逆転を許す展開に。それでも終了間際の51分、常田がゴール前に折り返したボールを途中出場の野々村が頭で決めて追いつき、勝ち点1をもぎ取った。

両チーム合わせて16本のシュートが乱れ飛んだ前半の45分間は、一度もゴールネットが揺れることなく終わった。一転して点の取り合いになった後半の45分間。一時は逆転を許した松本山雅だったが、終了間際に野々村が同点ゴールを沈め、相性の悪い沖縄の地で勝ち点1をもぎ取った。

「追いつけたことは大きい」と安永。「(勝ち点)3を取り逃したという表現の方が合っている」と常田。選手の間でも受け止めが分かれた試合の評価は難しいが、霜田監督は「次につながる勝ち点1」と断言する。

けがで欠場した菊井に代わって腕章を巻いた常田は、コイントスでマイボールのキックオフを選択。村越のフィードに安藤が競り勝ち、そこに浅川が詰めた決定機は試合開始から10秒余しかたっていなかった。7分には右CKから安藤、26分には高い位置で奪ったボールを村越、さらに27分には再び浅川が決定機を迎えたが、いずれも逸機。シュート4本が実らなかった浅川は「自分が決めていれば勝てた」と表情を硬くした。

それでも、霜田監督は同じ場面を捉えて「前半だけで3、4点入るシーンをつくれていた」と評価。ゴールへの道筋には意図的なチャンスがあり、右肩上がりの成長のためにシーズン序盤は過程を重視する――という思考で、選手たちの顔を上げさせる。

昨季のホームは開幕戦から3試合勝てず、最後は2連敗で終えた。まだ強さと弱さが同居する今季のチームが、ホームで待つサポーターにどんな姿を届けるのだろうか。

今いる選手を信じている

霜田監督　遠い沖縄の地まで来てくれたサポーターに勝利を届けたかったが、最後まで諦めず執念を燃やすという意味では選手たちは頑張ってくれた。(けが人が出て)サブにFWがいない厳しい状況だったけれど、今いる選手を信じている。一つの武器がなくなれば違うところを武器にするのが本当に強いクラブ。選手がチャンスだと思ってチームのために頑張ってくれれば良い試合ができると思っている。

後半5分、先制ゴールを決めて喜ぶ村越

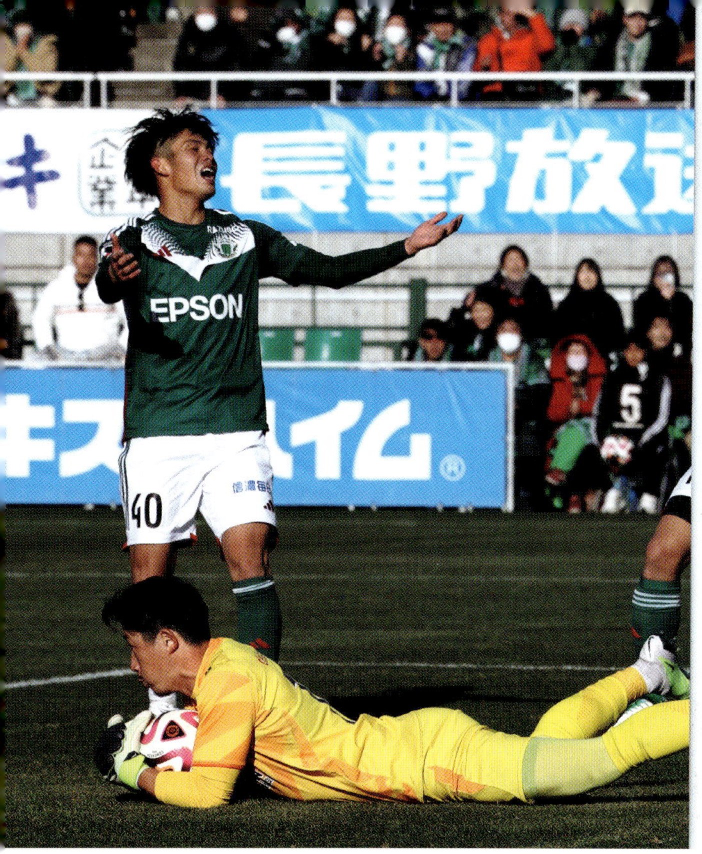

好機を相手のGKに阻まれ、悔しい表情の樋口(左)

第3節　3/9　Home

1 - 1

松本山雅　YS横浜

4-5-1の布陣。けがから復帰した滝が2試合ぶりに先発して2列目左に入った。5バックで守るYS横浜に対し、両サイドから崩してクロスからチャンスをつくったが前半は0-0。後半4分、自陣左サイドを崩されてYS横浜の山本に決められた。同34分にハンドの反則で得たPKを浅川が決めて追いつき、その後は攻勢を強めたが、勝ち越せなかった。↖

同点PKを決めた浅川。試合後、サポーターの声援に笑顔で応える

仕掛けず停滞
圧倒するも先制許す

後半34分、同点のPKを決める浅川

積雪の影響で開催が危ぶまれたホーム開幕戦。2日前に急きょ、サポーターら約100人がスタンドや通路の雪を懸命にかいて待望の一戦が実現した。熱い思いに応えるための結果はただ一つだったが、霜田監督は「これが僕らの力のなさ。こんな試合、もう絶対にやってはいけない」と険しい表情で言葉を絞り出した。

内容的には圧倒した。5バックの堅固なブロックを敷いたYS横浜に対し、両サイドに展開しながら細かくパスをつないで打開を図る。ただ、ボールを支配しながらペナルティーエリア深くに進入した回数は数えるほど。「前半はボールを大事にしすぎた」と滝。圧倒している安心感が油断を生み、後半4分に一瞬の隙を突かれて先制されるとスタジアムは静まりかえった。

その時、ベンチで停滞の要因を見抜いた男がいた。「ボールをつなぐけど仕掛けない。仕組み（戦術）で崩すことも大切だけど、最後は仕掛ける積極性がなければ崩せない」と山口。後半18分からピッチに立った28歳は、左サイドからドリブル突破を図って相手DFのハンドを誘って同点につながるPKをもぎ取ってみせた。

キャンプから積み上げてきた主導権を握るスタイルの浸透は進むが「パスを何本つなごうが、ボールをずっと保持しようが、それらが目的ではない。こういう試合でも勝ち点3を取る“基準”でなければいけない」と霜田監督。自己満足にとどまるだけでなく、厳しい戦いに勝つためのスタイルに昇華できなければ、今季も厳しい結末が待っている。

勝利を届けなければいけなかった

霜田監督　ボランティアなど多くの方々が雪かきをしてくれて、試合ができる環境をつくってくれたことに心から感謝したい。パスを何本つなごうが、ボールをずっと保持しようが、それらが目的ではない。もっともっと仕掛けてゴール前でチャンスをたくさんつくらなければいけない。内容うんぬんよりもサポーターに勝利を届けなければいけなかった。

第3節　3/9　Home

1 - 1

松本山雅　YS横浜

約9000人のサポーターが詰めかけたホーム開幕戦

ゴールを狙い、激しくぶつかり合う選手たち

パス回すだけ…勇気欠いて初黒星

試合後、今季初黒星を喫して肩を落とす

第４節　3/17　Away

1 - 0

福　島　　松本山雅

混戦が予想されたJ3は早くも勝ち点差が広がりつつある。上位戦線に踏みとどまりたい松本山雅と福島の対決は、明暗がくっきり分かれた。試合後、両クラブの指揮官が挙げたキーワードが“勇気”だった。

福島の強みは中盤の３人を中心に速いテンポでボールと人が動くパスワーク。松本山雅はそこに狙いを定め、立ち上がりから中盤の守備を固めてショートカウンターの発動に備えた。

だが、１本のパスでゲームが動く。前半13分、重圧を受けていなかった福島の最終ラインから最前線に縦パスが打ち込まれると、ワンタッチのスルーパスを受けた森に抜け出された。ゴールを陥れた福島の寺田監督は「内側を固められていた中で勇気を持って縦パスを刺してくれた」。

一方の松本山雅は迷走する。主導権を握りながら福島の守備ブロックの外側でパスを回すばかり。霜田監督は「ボールを前進させる仕組みは、できるようになってきたが、それを意識しすぎて積極性や仕掛ける強引さがなくなってきている。味方に（縦パスを）刺す勇気や技術がもっと出てくれば」とジレンマを口にした。

けがから３試合ぶりに復帰して後半18分からピッチに立った菊井が、背後を突くパスで好機を演出したのが唯一の好材料だろうか。「良い動き出しをしている選手はいるが、それを使えていない。（試合後に）『絶対にそこにパスを通すから続けてくれ』と声をかけた」と菊井。安定と停滞は紙一重だ。主将の言葉がチームの現状を物語っている。

前節から先発３人を変更した。リーグ戦は初スタメンの野々村をセンターバックで起用。山口がトップ下、住田がボランチに入る4-5-1の布陣で臨んだ。前半13分、福島の森に守備ラインの裏に抜け出されて先制された。その後はショートカウンターからチャンスをうかがい、32分には安藤がゴール前に抜け出したが逸機。後半18分、けがで戦列を離れていた菊井と浅川を同時投入し、その後は好機をつくったもののゴールを決められず今季初黒星。

チャンスを渡してしまった

霜田監督　ミスが多くて自分たちからチャンスを渡してしまったし、チャンスをなかなか決められず、最後の最後まで１点を返せなかった。チャンスをつくるという部分まではできているので、それをちゃんとものにして、最少失点で抑える。それをもう一度、みんなで確認して次の試合に臨みたい。

ゴールを守る（右から）GK神田、滝、山本康、野々村、村越

第５節　3/20　Home

1 - 0

松本山雅　岩 手

集中切らさず無失点で逃げ切り

4試合ぶりの勝利でホーム初白星。前節から先発５人を変更した。それぞれ先発は4試合ぶりの菊井がトップ下、2試合ぶりの浅川がワントップ。今季初先発の山本龍を左サイドバックで起用する4-5-1で臨んだ。守りを固めた岩手を攻めあぐねた前半は0-0。後半10分、右CKのこぼれ球を安藤が押し込んで先制した。ロングボール主体の岩手が攻勢を強めたが、途中出場選手や守備陣の踏ん張りでリードを守り切った。

先制ゴールを決めて
喜ぶ安藤（左）

後半、ゴールを守る選手たち

今季のホーム初勝利を挙げ喜ぶ選手たち

後半10分、ペナルティーエリア内から先制ゴールを決める安藤（中央）

試合前のウオーミングアップ。ゴール裏に陣取る松本山雅サポーターの「悪い流れを変えるためにも俺たちが盛り上げよう」という声が馬渡の心に響いた。3試合勝ちなしの状況に「自分たちもうまくいっているとは思っていなかった。ホームで流れを変える」。その強い決意は全員に宿っていた。

勝負の鍵は前半の攻防だった。強烈な向かい風を受けた松本山雅は、岩手のロングボール主体の攻撃にさらされる状況。得意のパスワークも自陣で守備を固めた岩手にはね返され、ゴールの気配がほとんどない嫌な流れだった。

それでも、全員でピンチの芽を摘んだ。高さがある岩手との肉弾戦を覚悟し「テーマは『個のバトル』と言われていた。そこは全員で意思統一した」と馬渡。ロングボールやクロスを浴びても、連係して「致命傷」に直結するスペースを消して決定機を与えなかった。

昨季は全試合フル出場しながら、連戦を考慮されて前節はベンチを温めた常田は「自分は『休んだ』という感覚ではなかった。僕が出ていた試合で失点していたので（先発を）替えられた」と悔しさを抱えており、「前半は難しかったけれど、そこで耐えられたことが大きかった」と息をついた。

小さなほころびを突かれて開幕から4試合連続失点していたが、今季初の無失点勝利に「粘り強く最後まで集中を切らさなければ守れることを示した」と霜田監督。大切なことは悪い流れの時にどう勝つか。その積み重ねでシーズン最後の結果は変わってくる。

全員で勝ち取った

霜田監督「（右CKからの先制点は）高さでは相手に分があったので、低くて速いボールならば反応の早さで勝負できるし、翼（安藤）も素早く反応して決めてくれた。途中交代で出場した選手たちもチームにエネルギーを注入してくれた。最少得点だったが、全員で勝ち取った勝ち点3だと思う。

後半、相手FKをパンチングではじき返すGK神田

ぬかるむピッチ GK神田奮闘でドロー

前節から先発7人を変更。今季初スタメンの藤谷を右サイドバック、2列目右に佐相を起用。最終ラインに野々村が入る4-5-1で臨んだ。雨でピッチがぬかるみ、両チームともロングボールを蹴り合い、セットプレーなどでチャンスをうかがった。前半47分に佐相が2枚目のイエローカードを出され退場。後半はFC大阪が攻勢を強めたが、GK神田の好セーブでしのいだ。39分にFC大阪も退場者を出し、終盤には互いに好位置で直接FKの好機を迎えたが、スコアレスに終わった。

前節の岩手戦は強風を克服して勝利をつかんだが、今季初の連勝を懸けて乗り込んだアウェーで待っていたのは“雨”。朝からの降雨で、ピッチは至る所に水たまりができる最悪の状態だった。

足元が滑り、ボールが水しぶきを上げて止まる。パスでつなぐスタイルが身上の松本山雅だが「(ピッチが)予想以上に悪い状態だった。裏を狙って蹴るしかない」(常田)。ロングボール主体の展開を得意とするFC大阪の土俵に引きずり込まれた。さらに前半終了間際に佐相が退場。窮地に追い込まれた。

苦境を救ったのはGKの神田だった。「数的不利の状況だったので、得点を求めるよりも、まずはゼロに抑えることを意識した」。後半立ち上がりからCKやクロスでゴールに迫ったFC大阪の猛攻を好セーブではね返す。今季から守護神を任される21歳の奮闘に、主将の菊井は「きょうのMVP。試合を重ねるごとに、確実に信頼感をつかんでいる」とたたえた。

ピッチ状態や試合展開を考えれば引き分けでも“御の字”という評価もできる。ただ、松本山雅も得意のセットプレーで好機があっただけに、「勝ち点3を取りたかった」と霜田監督。9位に終わった昨季は最多連勝が3にとどまり、上昇気流に乗れなかった。「チャンスは少なかったけれど、それを決めるチームが上位にいく」と野々村。順位だけが意味を持つ戦いだからこそ、勝ち点1に満足してはならない。

後半、ゴールを守る

勝ち点3を取りたかった

霜田監督 (雨の影響で)どこにボールが転がるか分からないカオスな状況。相手が蹴ってくることも分かっていたので、こぼれ球を拾い、コンパクトに守ることを意識した。いくつかチャンスをつくり、ピンチは若いGK(神田)が防いでくれた。2試合連続で無失点にできたことは良かった。勝ち点1を取れたことは選手たちが頑張ってくれたおかげ。ただ、勝ち点3を取りたかった。

第7節　3/31　Home

1 - 2

松本山雅　岐　阜

終了間際に落とし穴 もろさと強さ交錯

終了間際の失点で敗れ、落胆の表情を浮かべる

ため息、どよめき、歓声……。ホーム開幕戦を上回る8910人を集めたスタジアムはいくつもの声が交錯した。しかし、最後にサポーターから上がったのは悲鳴。終了間際に痛恨の失点を許し、主将の菊井は「あれだけ自分たちらしいサッカーをしたのに……。まだ結果を受け入れられない」と声を落とした。

開始3分、スローインをトラップミスした山本康がボールをさらわれて先制を許すとため息に包まれた。だが、そこから怒濤《どとう》の反撃を見せた。

J2長崎から合流して5日目でワントップの先発に抜てきされた身長195センチのジョップが「武器を生かそう」とポストプレーで起点となって観衆のどよめきを誘い、トップ下の菊井も「間違いなく自分の前にボールがこぼれてくる。近くにいるようにした」と呼応。前半12分、樋口の左クロスにジョップが競り合い、菊井が放ったシュートのこぼれ球を山口が仕留めた同点弾は狙い通りで、後半に攻勢を強めた松本山雅の勝ち点3が見え始めていた。

ところが再三の決定機を逃すと、落とし穴が待っていた。48分に素早いスローインで再開したものの「まだ(各選手の)ポジションがセットされていなかった」と馬渡。「勝ち点3を急いでしまった自分の責任」と振り返った菊井から横パスを受けた安永のトラップミスをさらわれ、致命傷となる逆襲を浴びた。

霜田監督は「ポジティブな面もたくさんあったので、次のゲームに生かしたい」と語ったが、上位浮上のチャンスを最悪な結果で終えたダメージは大きい。開幕から1カ月が経過したが、強さともろさが同居する姿は変わっていない。今季のスローガン「One Soul　ツヨクナル」を掲げたチームは強くなっているのか。

3試合ぶりの黒星。前節から先発4人を変更、J2長崎から加入したばかりのジョップをワントップに起用した。馬渡、山本康、安藤がともに2試合ぶりにスタメン復帰し、4-5-1の布陣で臨んだ。前半3分、岐阜の荒木に中央からミドルシュートを決められて先制された。12分に左クロスのこぼれ球を山口が詰めて追いついた。後半はジョップが何度もチャンスを迎えたが逸機。48分にショートカウンターを浴びて岐阜の粟飯原に勝ち越しゴールを許した。

ポジティブな面もたくさんあった

霜田監督　サッカーの残酷さが出たゲームになった。ただ、新戦力(ジョップ)もしっかり走ってくれたし(攻撃の)オプションが増えた。ポジティブな面もたくさんあったので、次に生かしたい。2点ともミスが失点につながってしまったが、ミスの後に周りがどれだけカバーできるかだと思う。もっと集中しなければいけないが、2点目が取れなかった自分たちに矢印を向けた方が良いと思っている。

My Soul
馬渡和彰

「2人分の夢」背負って駆け上がる

まわたり・かずあき　千葉・市船橋高2年時に全国高校総体で優勝。東洋大を卒業後の2014年にJ3鳥取に入団し、J2の金沢と徳島を経て18年に広島でJ1デビュー。川崎、湘南、大宮、浦和でプレーし、今季松本山雅に移籍加入した。DFで主にサイドバック。家族は妻と2男。東京都出身の32歳。

10年前、J3の鳥取でプロの第一歩を踏み出しました。今季、久しぶりに立ったJ3のピッチ。駆け出しだった頃の「絶対にはい上がる」という強烈な野心や向上心を思い出しています。

友達の影響で小学2年の時にサッカーを始めました。中学で東京都選抜に選ばれ、市船橋高（千葉）に進みました。ただ、プロになれるとは思っていませんでした。1学年上に、卒業後にJ1京都に入団した中村充孝選手（J3岩手）がいて「こんなにうまくなければプロには行けないんだ。自分には無理だ」と現実味のない夢でした。

転機は東洋大時代に訪れました。後にプロ入りする先輩たちとの距離感も分かり始め、3年生の時には関東2部で優勝してベストイレブンにも選ばれました。「1部で活躍してプロに行くんだ」。4年生になり、そう心に誓ったタイミングで、当時交際していた妻の妊娠が分かりました。

結婚も出産も決めましたが、周囲に相談すると、ほとんどの人に「夢は諦めて、普通に就職して家族を養え」と言われました。すごく悩みましたが、背中を押してくれたのは妻でした。妻自身もモデルになる夢を中断せざるを得なかったにもかかわらず、「（サッカーを）諦めたら絶対に後悔する。好きなことで上を目指せるのは、うらやましいことだよ」と。妻と自分の“2人分の夢”を背負って道を切り開く。そう覚悟を決めて、練習後に早朝までアルバイトをしながら必死でプロを目指しました。

唯一、声をかけてくれたのが鳥取でした。何とかスタートラインに立ちましたが、家計は苦しかったです。「J2、J1と上がっていけば生活も楽になる」「道は前にしかない」。鬼気迫るように球際で競り合い、ボールを奪われれば全力で戻って奪い返し、また駆け上がる。そうしたプレーに、先輩たちも「おまえには能力がある。絶対に上に行けるぞ」と励ましてくれました。その一人の倉貫一毅さん（現YS横浜監督）から受けた言葉が心に響きました。「ただし、J3にいる理由が絶対にある。それを考えろ」

当時はネガティブな思考に陥ることがありました。「何で誰も評価してくれないんだ」と。一毅さんの問いに対する正解はすぐには分かりませんでしたが、チームのためにがむしゃらに走り、仕掛け、クロスを上げる。そうすれば、点が入るかどうかは別としてチーム全体の士気が上がる。そういうプレーを続けていると、それを評価してくれる人が必ず現れます。J2、そしてJ1へと駆け上がっていくことができました。

10年前と比べて、J3のレベルはすごく上がっていますが、松本山雅を含めて「ギラギラ感を持った若手が少ないな」と感じます。その一方で、自分自身にも“あの頃”の熱い思いを忘れていないか――と問いかけています。いま新しい夢があります。「将来、プロ選手になりたい」と夢を語る2人の子どもと一緒にピッチに立つことです。だから、もう一度、絶対にはい上がりたい。松本山雅とともに。　（4月4日本紙掲載）

第8節　4/6　Away

6 - 1

金　沢　　**松本山雅**

3試合ぶりに先発した高橋が最終ラインに入り、2試合連続スタメンのジョップをワントップで起用する4-5-1で臨んだ。前半5分に右クロスのこぼれ球を山口が右足で決めて先制。しかし、金沢のカウンターを受けて26分、30分、33分、38分と立て続けに失点。後半開始から野々村ら3人を投入し、3バックに変更したものの流れを変えられず、さらに2点を失い、1-6の大敗を喫した。

自滅。何もかも
うまくいかなかった

霜田監督　自滅だった。何もかもうまくいかなかった。これだけのサポーターが来てくれて、戦う姿勢を見せられなかったことに関して、とても責任を感じている。相手のカウンターの狙いを分かっていながら、そこにパスを入れて、ボールを失い、カウンターを受けた。それを繰り返してしまった。

6失点の大敗「もろ刃の剣」攻撃的スタイル

開始5分だった。山口が2試合連続ゴールを挙げると、約2500人が集結したサポーターから大歓声が上がった。だが、誰が想像しただろうか。ここから“悪夢”が訪れることを。

3試合ぶりの先制弾で生まれたのは油断だった。自陣で5バックの守備ブロックを築いた金沢に対し、松本山雅は両サイドバックを中心にサイドから打開を図った。ところが金沢が虎視眈々《たんたん》と狙っていたのはカウンター。重々承知していたが、何度も浴びせかけられ、安藤は「先に1点取ったことで、ボールを失わない位置取りが少し曖昧になった」と悔やむ。

26分に意思疎通を欠いた自陣でのパスミスからあっさり同点にされると、つまずきが焦りを増幅させたかのように前がかりに。高い位置で簡単にボールを失い、カウンターを浴び、セットプレーで失点する悪循環に陥り、わずか13分間で4点を奪われた。

そこからは攻撃的なプレーすら影を潜め、金沢のシュート15本に対してわずか4本。霜田監督は「(第7節まで)良い内容のゲームが続いていた。『あとはチャンスを決めるだけだな』と思っていたが、もう一度、原点に返って戦わなければいけない」と強調したものの、低迷の要因は本当にそれだけなのか。

攻撃的なスタイルはもろ刃の剣でもある。高橋は詳細を語ることを避けたが「どうすれば改善できるのか。どういうサッカーをするのか、突き詰めないといけない。いまは正直言って迷っている部分が多い」。J2当時の2020年9月の琉球戦以来、そしてJ3ではワーストの6失点という現実に目を向けなければ、2桁順位転落という不振からは脱出できない。

大量6失点で今季初の連敗を喫して頭を抱える藤谷(左から2人目)ら

ドローがやっと…示せない再起への覚悟

後半34分、左CKを頭で決める野々村（右）

第10節　4/13　Away

2 - 2

奈　良　　松本山雅

「勝利を求めて全力を尽くす。そこにフォーカスする」。1週間前の金沢戦で6失点の惨敗を喫した霜田監督は“再起”を懸けた一戦に対する強い覚悟を語っていた。だが、ふたを開けてみれば引き分けに持ち込むのがやっとだった。

油断したつもりはなかっただろう。が、随所で緩みが目立った。前半4分の失点の引き金となったのは、相手サイドバックに自陣左から中央に通された斜めのパス。野々村は「あのコースだけはつぶしてほしかった」と、マークした味方に注文を付けた。

失点し、ここから攻勢を強めるかと思いきや、ピッチ幅を広く使う奈良のパスワークに翻弄《ほんろう》され、プレスの圧力が下がる。後半1分には素早いスローインへの対応が遅れ、低いクロスを入れられて2点目を献上した。

ようやくエンジンを点火して2点を返す底力は見せたが、山本康は「リードされていたので、リスクを覚悟で前に行かなければいけなかった。その積極性を拮抗《きっこう》した展開の時から見せなければ」と悔やむ。

今節に向けた紅白戦。霜田監督は「メンバーは横一線」と、主力と控えの線引きをなくした。さらに、4失点した金沢戦の前半の「12分間」を意識。同じ時間で競わせ、選手たちに勝利にこだわる厳しい姿勢を求めてきた。

指揮官は「僕はこの勝ち点1を非常にポジティブに捉えている」と胸を張った。だが、選手たちは現実を真摯《しんし》に受け止めていた。同点ゴールを決めた野々村は試合後。一人でサポーターの前に立って涙ながらに頭を下げた。「大敗した後にもかかわらず、たくさんの人が応援に駆けつけて最後まで応援してくれた。その思いを感じて……。勝ち点3を取りたかった」

第8節から先発5人を入れ替えた。大内と橋内が今季初スタメン。山本龍が4試合ぶり、野々村が2試合ぶりに先発復帰して守備ラインに入る4-5-1で臨んだ。前半4分、自陣左サイドと中央に進入を許して先制された。後半1分にも自陣左からの折り返しを奈良の岡田優に詰められて追加点を奪われた。滝や村越を投入して流れを引き寄せると、30分に山本康のミドルシュートで1点を返した。その4分後には左CKを野々村が頭で決めて同点に追いついた。

勝ち点1をポジティブに捉える

霜田監督　非常に難しい1週間を過ごしてきた。その状況の中でも、選手たちは良く頑張ってくれた。試合の入り（前半4分）、後半の入り（後半1分）で安い失点をしてしまったことは反省点。ただ、それ（2失点）以外はあまりピンチをつくられなかったし、心が折れてしまうのもやむを得ない状況にも関わらず追いついた。3点目を取るチャンスもあった。この勝ち点1を非常にポジティブに捉えている。

前半見せ場なく　後半切り替え

５試合ぶりの白星。第１０節からスタメン４人を入れ替え、先発は５試合ぶりの滝を右サイドハーフ、４試合ぶりの村越を左サイドハーフで起用。リーグ戦初先発の米原が山本康とダブルボランチを組む4-5-1で臨んだ。前半は讃岐がセットプレーから決定機をつくったが、GK大内の好セーブもあり、0-0で折り返した。後半８分、右クロスの折り返しを菊井が頭で決めて先制。24分に同点とされたが、36分に左からドリブルで進入した安永のクロスがオウンゴールを誘い、勝ち越した。ゴールネットを引っ張る支柱が損傷したため、37分から24分間の中断があった。

勝ちのため、全力を尽くせた

霜田監督　前半は自分たちが積み上げてきたものがなかなか出せなかった。それでもゼロに抑えた。うまくいかない時にどうやってしっかり戦うかも僕らのテーマ。そういう意味では追いつかれても（2点目を奪って）突き放せた。勝ち点3を取るために全力を尽くすことができた。勝って反省をしたい

味方同士の呼吸が合わず、安易なミスで前進できない――。松本山雅イレブンは低迷ぶりを象徴するようなゲーム内容で前半を終えてロッカールームに引き揚げたが、再びピッチに姿を現すと、別のチームのような動きを見せた。

布石は前半終了間際にあった。2列目の左に入っていた村越が「（左利きの）自分が右サイドにいる時の方が相手が対応しづらそう」と見抜いた。霜田監督に進言して右の滝と入れ替わると、これが当たった。

後半8分の先制点は、その村越が起点となった。鋭いカットインからシュートを狙うイメージで相手の守備の意識を内側に向けると、がら空きになった右サイドで待ち受けていたのは「相手の嫌がる動きをしようと思っていた」という馬渡。右クロスで先制点をお膳立てした。

36分には村越らが右サイドに相手を引きつけ、その間隙《かんげき》を縫ってペナルティーエリア深くに進入した馬渡がクロスを供給。そのボールを回収した流れから決勝点が生まれた。キャンプから相手の動きを見極めてゴールに迫る連係を積み上げてきただけに、馬渡は「（後半は）久しぶりに自分たちの思い通りのサッカーができた」と声を弾ませた。

ただし、見せ場のなかった前半のプレーや甘い守備対応が招いた失点も含めて今季の“松本山雅らしさ”が詰まった一戦だった。1カ月ぶりの勝利を良薬にしながら一つ一つ弱さを克服できるか。「『勝ってOK』という試合なんて一生ない」と橋内。36歳のベテランの言葉を胸に刻みたい。

後半8分、頭で先制ゴールを決める菊井（中央）

第９節　4/20　Home

2-1

松本山雅　讃　岐

今季初の連勝 浅川2ゴール「らしさ」発揮

前半8分、右クロスに頭から飛び込み、先制ゴールを決める浅川(11)

後半7分、勝ち越しゴールを決め喜ぶ浅川

第11節 4/28 Home

3 - 1

松本山雅 富山

今季初の連勝。第9節から先発3人を変更。6試合ぶりにけがから復帰した浅川がワントップに入り、山本龍と安永を2試合ぶりにスタメン起用する4-5-1で臨んだ。前半8分、馬渡の右クロスを浅川が頭で押し込んで先制。同30分に自陣の低い位置でボールを奪われて同点弾を許したが、後半7分に相手GKに競り勝った浅川が2点目を挙げて勝ち越し、27分には右スローインの流れから佐相がダイレクトボレーで決めて突き放した。

1万人を超す入場者数を知らせる大型ビジョン

約1カ月ぶりにピッチに戻ってきたストライカーがいきなり大仕事をやってのけた。左脚のけがから復帰した浅川が2ゴール。チームを今季初の連勝に導いた28歳は「サポーターや仲間への感謝をゴールという形で届けられて良かった」と充実感に浸った。

「ゴールから逆算しながらプレーしている」と語る“浅川らしさ”が凝縮された2得点だった。

まずは立ち上がりの前半8分だ。右ショートコーナーの流れから馬渡が速いクロスを入れると「遠いサイドに流れてくる確率が一番高い」と豪快なダイビングヘッドでたたき込んだ。

後半7分の2点目はGK大内のロングフィードが起点。「相手DFと1対1になれる場所がある」とボールを追いかけ、ペナルティーエリア外に飛び出した相手GKに競り勝って無人のゴールに流し込んだ。

奈良でプレーした昨季は、19点でJ3得点王に輝いた松本山雅の小松蓮(J2秋田)に次ぐ16得点をマーク。移籍加入した今季もゴール量産を期待されたが、第5節の岩手戦で負傷離脱して1得点にとどまっていた。

負傷直後は落ち込んだが、J1福岡にPK戦の末に惜敗した17日のルヴァン・カップ2回戦で奮闘する控えメンバーたちから勇気をもらった。「チーム全員が、勝つための努力と準備を尽くしていた。自分も、いつチャンスが巡ってきても『やってやる』という気持ちだった」。復帰戦でゴールを決める姿をイメージしてリハビリに励んできた。

「まだ1試合。サポーターに認めてもらうためにも、これを続けていかなければいけない」と浅川。覚醒したエースに呼応するように、チーム全体も攻守で泥くさく、粘り強かった。この勝利を今季の“松本山雅らしさ”に変えられれば上位浮上の道筋が見えてくる。

上位浮上へ連勝が必要

霜田監督　彼(浅川)がたくさん点を取るためには(味方と連係を高めるための)時間が必要なので先発で使った。ゴールだけでなく、守備でもチーム全体にエネルギーを与えてくれた。ミスから失点してしまったが、それ以外はしっかり守れた。僕らが積み上げてきたプレーモデルは攻撃だけではない。守備のモデルも、しっかり選手がやり切ってくれた。(上位浮上には)連勝が必要。勝ちながら課題を修正していきたい。

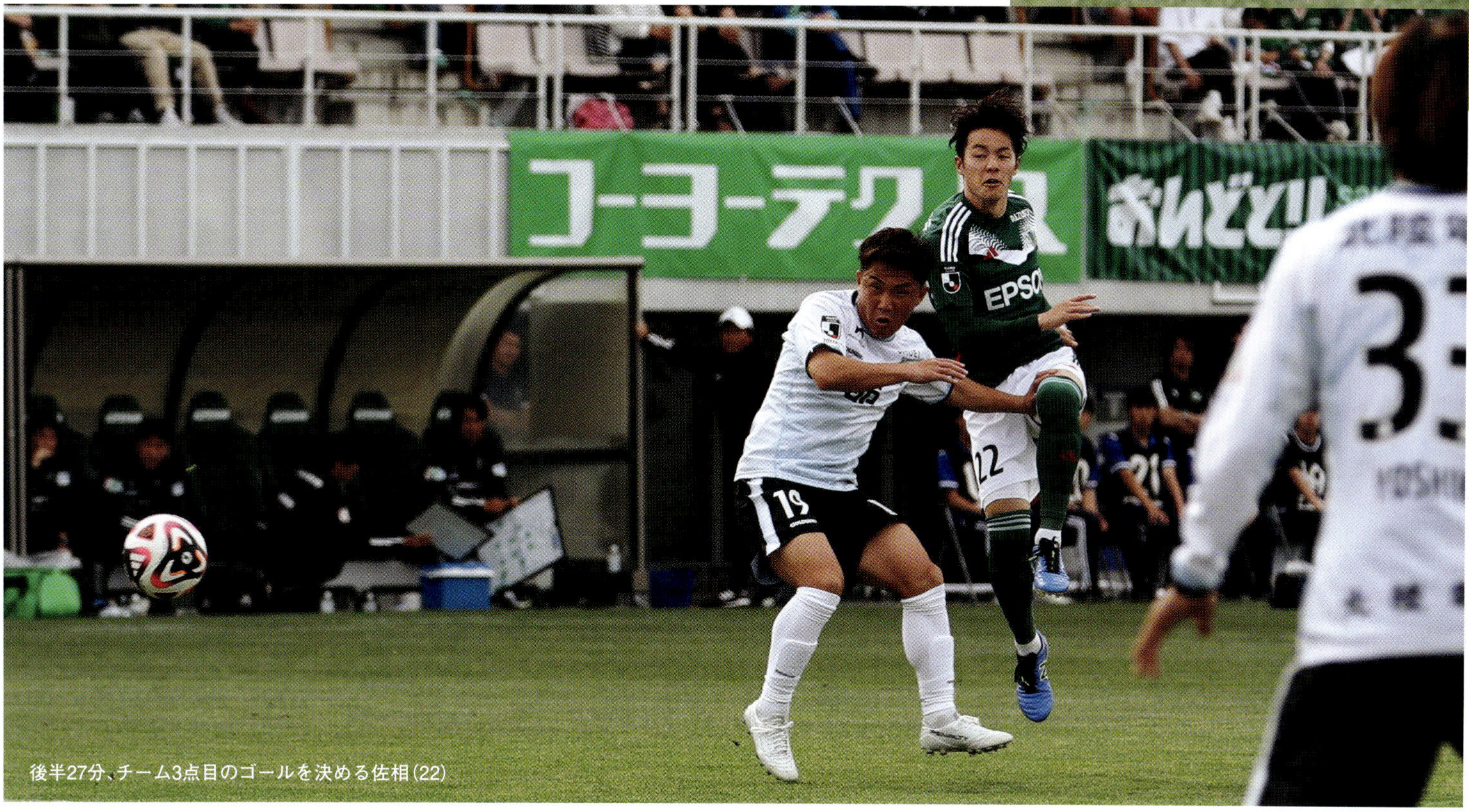

後半27分、チーム3点目のゴールを決める佐相(22)

後半23分、八戸に勝ち越しゴールを決められ、橋内を中心に声を掛け合う

圧力に屈し スタイル見失う

前節から先発2人を入れ替えた。3試合ぶりにスタメンの山口をトップ下で起用。2試合ぶりに先発復帰した米原が安永とダブルボランチを組む4-5-1で臨んだ。前半はクロスやセットプレーから決定機をつくったものの仕留められず、0-0で折り返した。後半9分にパスミスからミドルシュートで先制されると、17分にゴールキックから浅川が決めて同点としたが、6分後に自陣左からのクロスに詰められて勝ち越され、4戦ぶり黒星。

後半17分、同点ゴールを決める浅川

後半、野々村(44)のヘディングシュートがゴールネットを揺らすも得点ならず

厳しい表情でサポーターにあいさつする選手ら

第12節　5/3　Home

1 - 2

松本山雅　八戸

プレスがはがせなかった

霜田監督　僕らがボールをつなぐ展開を分かった中で、相手はプレッシャー（プレス）をかけてきた。そのプレスをはがせなかった。ボールを後ろに下げてしまい、相手に楽にプレッシャーをかけさせてしまった。それが自分たちのリズムでサッカーができなかった原因だと思う。自分たちのサッカーができなくても、ちゃんと勝ち点を取っていかなければいけない。

J1磐田から今季加入した34歳のボランチ山本康はベンチで危機感を抱きながら試合を見つめていた。「正直、なぜ、てこずっているのか分からなかった。ベンチでムラ君（村山）と『前半のうちに1点入れないと難しい展開になりそうだ』と話していた」。その悪い予感が現実のものとなった。

ルヴァン・カップを含めて9試合連続で白星がなかった八戸が猛烈なハイプレスとロングパス中心のスタイルでくることは想定内。序盤は軽快なパスワークでかわし、球際の攻防でも集中力を保って主導権を握っていた。

だが、八戸の鬼気迫るプレッシャーにさらされ続けてミスが出始めると「弱気の虫」が顔を出す。ボランチの米原は「前半は相手が見えていたけれど、ミスでピンチが増えていく中で、できていたことができなくなった」。縦パスを狙わなければいけない局面でもバックパスで逃げ、相手のプレスを勢いづかせ、気が付けばロングボールを蹴り合う相手の土俵に。耐えるべきはずの守備の緊張感も切れ、1試合平均でリーグワースト0.55得点だった八戸に後半だけで2点を献上して万事休した。

全てをパスワークで攻略する必要はないが、昨季から積み上げてきたはずのスタイルを簡単に捨てて何が残るのか。GK大内は「守備の重圧が強い相手にも落ち着いて自分たちのサッカーで対応していかなければ、その先はないと思う」と自戒を込めて語る。

今季初の2連勝でつかんだはずの自信を、過信に変えたのは自分たち自身だ。この敗戦を糧にできるのか。次節の相手は開幕から無敗で首位を独走する大宮。真価が問われる大一番になる。

後半34分、頭で先制ゴールを決める浅川（右）

「先手」封じて勝機　球際で戦う

第13節	5/6	Away
0	-	2
大　宮		松本山雅

首位に快勝。前節から先発５人を入れ替えた。それぞれ先発は７試合ぶりの藤谷が右サイドバック、５試合ぶりの常田がセンターバックに入る４−５−１で臨んだ。前半は、13回のセットプレーを得たものの無得点。両サイドからのクロスでゴールを脅かされ、GK大内の好セーブでしのいだ。後半34分に藤谷の右クロスを浅川が頭で決めて先制し、その１分後に右サイドを突破した藤谷が２点目を挙げた。

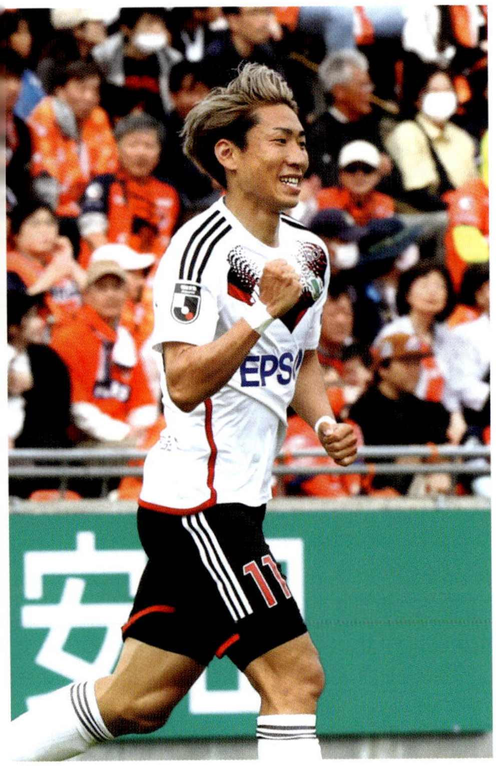

後半34分、頭で先制ゴールを決めて喜ぶ浅川

前半、好セーブを見せる大内

後半35分、チーム2点目のゴールを決め喜ぶ藤谷（右）

「One Soul」のコールが響き渡り、静まり返る大宮サポーター。1万人を超える観衆が詰めかけたスタジアムに広がった光景が“事の重大さ”を物語っていた。低空飛行が続いていたが、12戦無敗で首位を快走する難敵を撃破した。

ハイライトは2点を挙げた後半だが、勝負の分かれ目は前半にあった。今季24得点のうち13点を前半に挙げている大宮の勝ちパターンは、前半でリードを奪う先手必勝。「0-0の時間が長くなれば焦るのは相手」と霜田監督。とはいえ、自陣にこもらず果敢に打って出た。

出足鋭いハイプレスで襲いかかり、大宮に考える間を与えず長いボールを蹴らせる。落下点で待つ元日本代表の杉本に対し、空中戦に強い野々村をぶつけてはね返す。鍵はセカンドボール。「みんな球際で戦う意識があったからこそボールが転がってきた」とは安藤。大内の好セーブにも助けられ、前半をスコアレスで耐えきった。

すると後半、狙っていた一瞬が訪れる。5バックの大宮が4バックに切り替える流れは織り込み済み。「案の定フリーになれた」という右サイドバック藤谷の右クロスを浅川が仕留めて34分に均衡を破ると、1分後には再び藤谷が右で抜け出し、「良いところに飛んでくれた」と利き足ではない左足を一閃《いっせん》して勝利を決定づける2点目を突き刺した。

大宮との勝ち点差は11と遠いが、混戦の2位争いに参戦する位置につけた。だが、下位の八戸に屈した前節の苦い経験を踏まえて馬渡は言う。「技術が高い大宮にはしっかりと守備から集中力を持って入れたが、八戸は自分たちがボールの主導権を握って戦う逆の展開。比較は難しい」。

挑戦者の戦いに徹したからこそ得られた勝利という現実を受け止めながら、どんな相手でも倒す真の強さを貪欲に追求できるか。自信は得ても過信してはならない。

選手が徹底してくれた

霜田監督　後ろからボールをつなぎたいチームだけれど、大宮は前からプレッシャーをかけてくると思っていた。その（相手の）矢印をどうひっくり返すか。足元でボールをつなぐだけではなく、ちゃんと（ルーズボールに）競り勝って『こぼれ球を拾ってから僕らのサッカーをやろう』という戦いを選手たちが本当に徹底してやってくれた。

後半35分、チーム2点目のゴールを決める藤谷

後半47分、CKを北九州・永井（左から2人目）に頭で決められ同点に追いつかれる

崩壊した結束 ハイプレス空転

第14節　5/18　Home

1 - 1

松本山雅　北九州

先発はそれぞれ3試合ぶりの菊井を2列目左、2試合ぶりの山本龍を左サイドバックに起用する4-5-1で臨んだ。堅い守備ブロックでボールを奪うと、前半8分に左クロスを浅川が頭で決めて先制した。しかし、後半は押し込まれる回数が増え、47分に自陣右からのCKを永井に頭で流し込まれて追いつかれ、連勝を逃した。

信州ダービーで味わった屈辱をもう忘れたのか。AC長野にPK戦で敗れた5月12日の県選手権決勝と同じ後半47分に追いつかれて痛恨のドロー。34歳のボランチ山本康は「みんなボールをつなぐことを怖がっていた。長野戦で経験したはずなのに、それを繰り返した」と怒りを押し殺した。

前半は攻守ともに統率の取れた動きで主導権を握って先制点を呼び込んだが、後半は結束した戦いが崩壊した。「前半は守備で（背後に立つ）相手のボランチを気にしすぎていた。もう少し前から圧力をかける」（浅川）と出足鋭いハイプレスに転換したが、次第に空転して後手に。米原は「前線は（プレスに）行っているつもりだったと思うけれど、相手のボランチにボールが入るシーンが多かった。もっと相手のパスコースを限定してほしかった」。

守備を切り崩されて押し込まれると攻撃も急失速。パスもつなげず、ロングパスが増え、セカンドボールも拾えない。山本康は「（長いボールを）蹴って、周りの選手も動かず、パスをもらおうとしない」と吐露した。

混戦の2位争いを抜け出すために欲しかった勝ち点3を逃したが、失ったものはそれだけだろうか。入場者数は6941人。2018年から2年間、松本山雅のトップチームでコーチを務め、1万人超の観衆を“日常”として見てきた北九州の増本監督は「もう少し、お客さんが入っていれば戦いづらかったと思う」。その言葉が重く響いた。

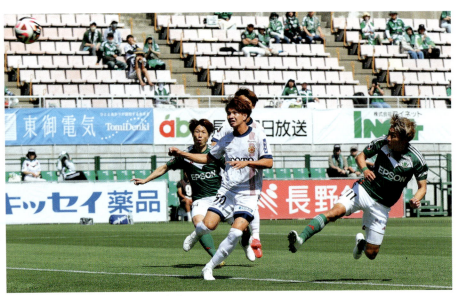

前半8分、頭で先制ゴールを決める浅川（右）

2点目取る努力が足りなかった

霜田監督　最後の最後に、追いつかれる試合が（5月12日の県選手権決勝と合わせて）2試合、続いてしまい非常に悔しい。ただ、予想以上に（試合中に）けが人が続出する誤算があった中、最後まで戦って最低限の勝ち点1を取れたことはポジティブに捉えたい。2点目を取る努力、技術、気持ちが足りなかったと思う。

My Soul
野々村鷹人

謙虚に聴く力を学んで成長

プロ4年目を迎えた今季、キャンプから毎日、日記をつけています。「練習試合で良いプレーができてうれしかった」「味方にイライラをぶつけてしまった」。その瞬間は感情的になった出来事も、書きながら冷静に振り返ると「怒る必要があったかな。次は心が乱れないように対応を変えよう」と見つめ直すことができます。そうして心を整えて物事に向き合っています。

思えば、プロになるまでの道のりも自己との対峙《たいじ》の連続でした。サッカーを始めたのは小学3年生の時です。両親にやらされた水泳が嫌になって相談したら「別の習い事をやれ」と。安易な気持ちでサッカーを始めたところ、楽しさにのめり込みました。

転機は綾羽高（滋賀）時代です。指導法は監督主導の「トップダウン」ではなく、選手たちが練習メニューや先発メンバーを決める選手主導の「ボトムアップ」。主将でも調子が悪ければメンバーから外されました。

選手によるミーティングも活発に意見が飛び交いました。1年生といえども、チームの改善点などの発言を求められ、黙っていると「話せ」と厳しく要求されます。最初は戸惑いましたが、1年生からAチームでプレーすることができた自分は積極的に発言し、問題点を「考える力」が身につきました。

ただ、2年生の時はまったく調子が上がりませんでした。ある試合のハーフタイムで1年生に「もう少し、視野を広げてプレーした方がいいのでは」と言われました。思わず「何でおまえに言われなければいけないんだ」と突っぱねましたが、後半に入って後輩が心配していた形で痛恨のミス。試合後、監督に「あの（1年生の）意見が大事だっただろ」と諭されました。

それまでは指導者や先輩、技術が高い選手など、自分よりも立場が上の人の言葉だけを聞き入れていました。でも、成長するために本当に大切なのは、どんな人の言葉でも「自分のために言ってくれている」と謙虚に〝聴く力〟。それを学んでからは劇的に成長することができ、3年生の時には絶対的な「守備の要」としてインターハイ（全国高校総体）初出場に貢献することができました。

流通経大では、3学年上の守田英正選手（スポルティング）やジャーメイン良選手（磐田）ら先輩、同期、後輩から多くのプロが生まれた厳しい競争にさらされました。でも、高校時代の経験があったからこそ、腐らずに、いろいろな人の言葉に耳を傾けて一歩ずつ成長し、松本山雅でプロの切符をつかみました。

今季は不安定な戦いが続いています。いい人ばかりの集団では強くなれません。若手やベテラン、実績に関係なく、勝つために意見をぶつけ合う。それを真摯《しんし》に受け止め、より良いパフォーマンスを発揮して結束できるか。

最終節の11月24日。日記には「J3優勝、J2昇格ができて良かった」と書きます。チームが目標を達成できるなら〝その瞬間〟のピッチに自分が立っていなくてもいい。全員がそう思える集団になることが、本当に「ツヨクナル（強くなる）」ことだと思っています。

（5月9日本紙掲載）

ののむら・たかと　滋賀・綾羽高3年時に全国高校総体に出場。流通経大では天皇杯全日本選手権出場や2019年茨城国体の優勝に貢献した。卒業後の21年に松本山雅に入団し、DFで主にセンターバック。滋賀県出身、25歳。

身近なヒーローでありたい

My Soul

浅川隼人

あさかわ・はやと　千葉・八千代高から桐蔭横浜大に進学。卒業後の2018年にJ3のYS横浜に入団した。20年から熊本でプレーし、22年に当時JFL（日本フットボールリーグ）の奈良に移籍し、得点王に輝きJ3昇格に貢献。昨季はJ3で2位の16ゴールを挙げた。今季、松本山雅に移籍した。FW。千葉県出身の29歳。

僕は体格に恵まれているわけでも、足が速いわけでもありません。「どうすれば確かな武器を持った選手たちよりもゴールを取れるのか」。子どもの頃からの探求が、ワンタッチで得点を奪うのスタイルにつながりました。その歩みは、アスリートの価値を追求する生き方にも重なります。

Jリーガーを目指すきっかけは忘れもしません。2002年のキリンカップのホンジュラス戦。日本代表の中村俊輔さんが蹴ったCKが、美しい弧を描いて直接ゴールに吸い込まれました。当時小学1年生だった僕は「とんでもないゴールだ！」と衝撃を受け、自分もプロ選手になりたいと夢を膨らませました。

大学を経て「自分も子どもたちに夢を与えられる選手になりたい」という目標を再確認。J3のYS横浜に入団し、念願の「Jリーガー」になりました。ただ、2年間はアマチュア契約。1年目は試合にも出られず、アルバイトで生計を立てる日々でした。「果たして夢を届けられるのかな」。疑問を抱き、全てのバイトを辞めました。

代わりに自分でサッカー教室を始めました。次第に「社会の中で自分の価値はどれくらいあるのか」と思い、交流サイト（SNS）で募集した依頼者のリクエストに何でも応える「レンタルJリーガー」という活動を始めました。報酬額は依頼者に決めてもらいます。サッカーの指導はもちろん、人生相談に乗ったり、家庭に1泊2日で招かれて子どもたちの世話をしたり……。続けるうちに「Jリーガー」という看板ではなく「浅川隼人」に興味を持って依頼してくれる人が増え「選手以外の自分にも価値があるんだ」と気づかされました。

その活動がエネルギーとなり、2年目はJ3で13得点。同時に「僕はカズさん（三浦知良選手）のようにはなれない」とも感じました。日本代表でゴールを量産し、サッカー界のアイコン（象徴）のような存在のカズさん。一方で、僕は飛び抜けた才能も体格もありません。ゴールを重ねながらも「僕は違う選手像や価値で勝負していかなければ生きていけない」と思いました。

レンタルJリーガーの経験から、僕が目指したのはファンや地域と身近な存在である「ゼロ距離Jリーガー」。移籍した熊本では「選手兼営業」としてファンやスポンサーの満足度を高める企画に取り組みました。奈良では、子どもの貧困率が問題となっている状況を知り、個人で「移動式子ども食堂」を運営しました。地域が何を必要としているのか――。距離を縮め、たくさんの人と「接点」を増やすことで、Jリーガーとしての僕を知らなかった人もスタジアムに足を運んでくれるようになりました。

日本代表選手は日本のヒーローかもしれません。でも、松本のサポーターにとっては松本山雅の選手がヒーロー。「近所のお兄ちゃんがプロになったんだ。僕もなれるかも」。僕は、そんな身近なヒーローでありたい。そういう選手が増えることで、クラブや地域、そこでプレーする選手の価値も上がっていくと思います。

もちろん、今季得点王になる目標は揺らいでいません。松本山雅にとって必要不可欠な選手になると同時に、「浅川隼人」としても地域の人に必要とされる存在になりたいと思っています。

（6月14日本紙掲載）

ドリブル突破「大然、速っ!!」

塩尻で教室

子どもたちとミニゲームを楽しむ前田大然（中央）＝6月23日、塩尻市

スコットランド・プレミアリーグのセルティックFCに所属の前田大然(26)を招いたサッカー教室が6月23日、塩尻市小坂田公園のサンコーグリーンフィールドであった。中南信地方の小学生約100人が参加。2022年ワールドカップ(W杯)カタール大会で日本代表として活躍した憧れの選手からボールに触れる楽しさを教わった。

サッカー教室は、前田が16～19年に松本山雅に在籍した縁から山雅運営会社などが企画。小学生は学年ごとのチームに分かれ、雨の中、4分間のミニゲームで前田選手とプレーした。ボールを奪おうとする小学生の包囲網を前田選手が巧みなドリブルで突破すると「大然(足が)速っ」と感嘆の声が上がった。

サイン会では、色紙やユニホームを持参した小学生が長い列をつくった。松本市本郷小学校2年生の遠山巧樹さん(7)は「日本代表に会える機会はめったにない。格好良かった」と喜んでいた。

前田は教室後の取材に「将来が楽しみな選手たちがたくさんいた」「またいつか、(松本山雅に)恩返しができたらいい」と語った。

元選手・山本大貴さん 運営会社社員に

古巣サポの熱量「あらためて感謝」

ホーム戦でのグッズ販売でサポーターと交流する山本さん＝5月18日

「お帰りなさい」。今季ホーム試合のグッズ売り場に立つ山本大貴さん(32)をサポーターは家族のように温かく迎える。「すごくうれしいし、クラブに戻って山雅のサポーターはやっぱり熱いと感じています」。現役を引退し、松本山雅の社員として再出発して約5カ月。第一線から身を引き、あらためてサポーターの「熱量」を実感し、感謝の思いを抱いている。

引退は本意ではなかった。2019年に松本山雅を離れ、J2岡山を経て22年からAC長野パルセイロでプレー。昨季はチーム2位の8得点を挙げたものの、待っていたのは契約満了の通告だった。「まさか満了になるとは思っていなかった」。既に退団が発表されて臨んだシーズン最終戦では左足で意地のゴールを決め、人目をはばからずに号泣した。「うれしさも悔しさも全ての感情が詰まった涙だった。その時点で何となく悟っていた。もう自分は引退かな、と」。その予感通り、昨季終了後に新たなオファーは届かず、年が明けて引退を決断した。

指導者、教員免許を持つ高校の先生……。セカンドキャリアの道を思い描いてみたが「働くなら山雅だと思った」ときっぱり。プロデビューした14年に松本山雅をJ1初昇格に導いたアウェー福岡戦のゴール、18年のJ2初優勝、19年の横浜M戦でのJ1初先発。「一番長く在籍したクラブだし、一番良くしてもらったクラブ。強い思い入れがあった」。いつも背中を押してくれた熱いサポーターとともに歩むクラブの経営に興味もあり、松本山雅運営会社の神田文之取締役(当時社長)に直談判し、2月からセカンドキャリアをスタートさせた。現在は物販事業部の一員としてホームやアウェーのスタジアムでグッズを販売したり、オンラインショップの担当をしたり。「まだパソコンと敬語の使い方に慣れていなくて大変ですけど、グッズが売れるとうれしいし、サポーターさんとの交流も楽しいですね」と充実感を語る。

一方、現役時代よりもサポーターとの“距離”が縮まり、気づくことも多い。チームが勝利し、サポーターが「今日は勝って良かった」と笑顔で帰宅する姿に心揺さぶられる。だが、1―6で大敗した4月のアウェー金沢戦後、松本山雅が出店したブースに母親に連れられた小さな男の子が歩み寄り、「負けちゃった」と大粒の涙を流す姿を見て心が痛んだ。

「サッカー選手はこれだけたくさんの人の思いに支えられているんだ、と実感しました。現役の選手たちも感謝の気持ちは持っている。でも、『これだけ熱いサポーターがいる』という事実を、いま以上に感じてプレーしてほしいな、と思いました」と語る。

後半、ゴール前のこぼれ球にジョップ（中央右）が飛び込むも決められず

新たな策実らず 足りなかった執念

前節から先発２人を入れ替えた。今季初先発の宮部がセンターバック、3試合ぶりにスタメンの村越が３トップ右に入る4-3-3で臨んだ。前半９分にカウンターから村越が決めて先制したが、31分に自陣右サイドからのクロスをマルクスビニシウスに詰められて同点。後半25分に相手FKのこぼれ球を拾われて勝ち越され、逆転負けを喫した。

松本山雅が動いた。これまでの4−5−1から、より攻撃的な4−3−3の新布陣に変更。リーグ戦は2週間ぶりで「このタイミングでチャレンジする」（霜田監督）という策だったが、ふたを開ければ今治も同じ布陣に変更しているという“予想外”の幕開けになった。

それでも先手を取ったのは松本山雅だった。前半9分にハーフライン付近でこぼれ球を回収した安藤が一気に駆け上がると、浅川と村越も呼応。3トップによる鮮やかなロングカウンターから先制点をたたき出した。

だが、勝敗を分けたのはシステムではなかった。4連敗中だった今治の新井（市長野高出）は「（システムの）かみ合わせよりも、本当に勝ちたいという気持ちを出せた」。前線からの猛烈なプレスを徹底して松本山雅の勢いを止めると、ロングボールを前線のマルクスビニシウスに放り込み、前進する形を貫く。

山本康は「相手のやりたいことが分かっていながら守備で後手に回った。相手のプレスにも『まずい』と思わず、『前に出てきてくれている』というマインドを持たなければ」。勝利への執念、細部の詰めの甘さが、サイドを崩された1失点目、セットプレーのこぼれ球を拾われて失った2失点目に凝縮されていた。

ビルドアップ（攻撃の組み立て）とプレスの停滞という課題を打破するために採用した新布陣。アンカーを務めた米原は「前進する回数は増えていた。ポジティブな部分をどうチームの強みに変えていけるかだと思う」と語る。いくら手応えがあっても、勝利に結び付けられなければ意味が無い。新たな選択を“正解”にできるかどうかは、自分たち次第だ。

好機に決められるように

霜田監督　システム（変更が）勝敗を分けたとは考えていない。後半はほぼ相手の陣地でずっとサッカーができていたが、2失点目のセットプレーのセカンドプレーが本当に痛かった。そういうプレーから失点してしまった。それでも同点にするチャンス、ひっくり返すチャンスがあった。何とか決められるように、また練習したい。

逆転負けを喫し厳しい表情でピッチを一周する

前半35分、FKで先制ゴールを決め、両手を挙げて喜ぶ山本康（中央）ら＝新日本海新聞社提供

第16節　6/8　Away

0 - 4

鳥　取　　松本山雅

新布陣「合格」
粘り強い守備から攻撃の波

新布陣にチャレンジしながら敗れた前節の鬱憤《うっぷん》を晴らすゴールラッシュだった。“追試”に臨んだ松本山雅イレブンは今季最多4得点という満点回答。霜田監督は「この戦い方が十分機能するという手応えを選手たちに感じてほしかった。そういう意味で勝ち点3をつかめて良かった」と力強くうなずいた。

攻撃的な4-3-3の布陣の破壊力をいかんなく発揮したが、それを生み出す土台になったのが気迫のこもった守備だった。鳥取の最終ラインはピッチの幅を広く使いながらボールを回すため、高い位置からのプレスは効きにくかったが「前から奪えなくても相手を自陣に引き込んで特長を出させなければいいだけ」(米原)。

粘り強い守備でエネルギーを充填《じゅうてん》したら、あとは前進あるのみ。前半35分に山本龍がFKでゴールをこじ開けると、1分後に自陣でセカンドボールを回収した米原の縦パスをスイッチにカウンターが発動。安藤のスルーパスに抜け出した村越が追加点を奪い、「先制してから落ちてしまうゲームが多かったけれど、連続して取れて余裕が持てた」と、波に乗って一気に勝負を決めた。

敗れればJ2自動昇格圏内の2位につける沼津の背中がかすむ状況に陥っていたが、上位戦線に踏みとどまった。新布陣の「成功体験」をつかみ、次節はホームで沼津との直接対決に挑む。「先のことは考えていない。一喜一憂せずに、勝ち続けるための準備をしていきたい」と指揮官。試行錯誤しながら見えてきた「最適解」の完成度を高めて反転攻勢の道筋を描けるか。

前節から先発1人を入れ替え、6試合ぶりにスタメン復帰した樋口が右サイドバックに入る4-3-3の布陣で臨んだ。前半35分にペナルティーエリア外で得たFKを山本龍が決めて先制。1分後にはカウンターで抜け出した村越が追加点を奪った。後半42分に山本龍の折り返しに合わせた村越が3点目を挙げると、直後に菊井のゴールで突き放した。

選手たちが意思統一できた

霜田監督　（前節からの）システムチェンジでやりたかったことが出せた。いろいろな形で点を取れたけれど、何点奪っても無失点で終えることが個人的なテーマだった。先回りして（ピンチを）防ぎ、シュートを打たれず、クロスを上げさせなければOK。選手たちが、しっかり意思統一して戦ってくれた。

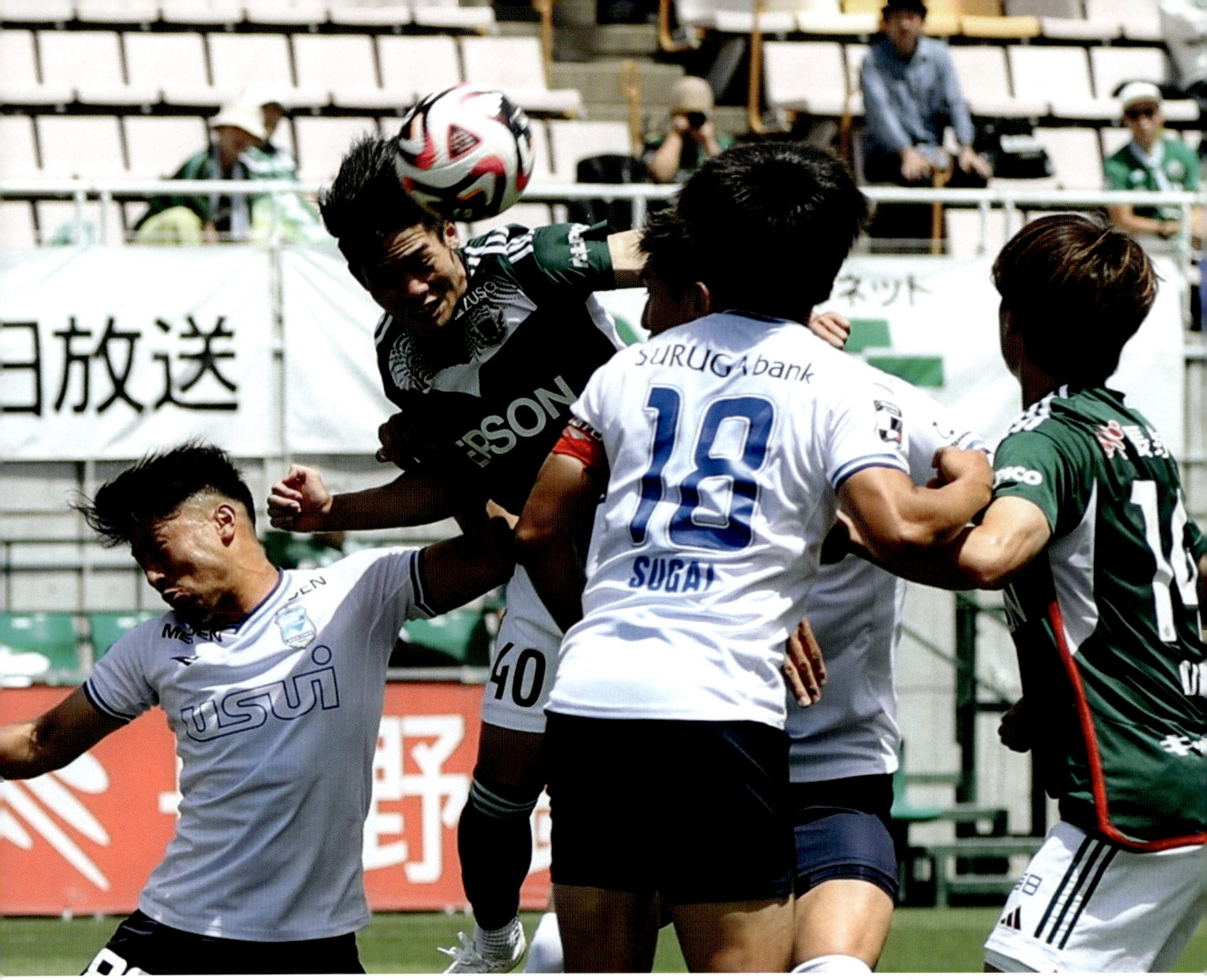

前半9分、頭で先制ゴールを決める樋口(40)

後半2分、チーム3点目のゴールを決める浅川(右)

第17節　6/16　Home

4-0

松本山雅　沼津

「コンパクトな守備」奏功し難敵に圧勝

見違えるような戦いぶりと言ったら大げさだろうか。敗れれば、J2昇格圏の2位につける沼津との勝ち点差が8に広がる状況で迎えた重要な一戦。松本山雅が見せたのは、もがき苦しんでいたこれまでの姿ではなく、勝機を逃さぬ圧巻の強さだった。

昨季の対戦は、前線から中盤まで自由に動き回られて2度とも勝てなかった。リベンジを果たす上で掲げたキーワードが「コンパクト」だった。

松本山雅の3トップは、パスの起点となる相手のセンターバックを深追いしない。「沼津はJ3の中でも間違いなくボールを動かすのがうまい。中を固めることを意識した」(安藤)。縦パスを通させないという決意に満ちたコンパクトな守備ブロックに沼津が焦る。サイドやロングパスに逃げたところで次々とボールを刈り取り、ゴール前に進入されても常田らが体を張ってはね返した。

堅守に手応えがあるから攻撃に鋭さが生まれる。サイド攻撃や中央突破など、多彩な攻めで前節の鳥取戦に続く4発快勝。攻撃システムを前々節から4-3-3に変更し、華のある攻撃が目立つが、菊井は「2試合連続で4-0で勝てた要因は確実に守備」と言い切る。

不安定な戦いが続いた時期は選手同士が互いのプレーに不満をもらす時もあった。ただ、得意のワンタッチゴールで2得点した浅川が「守備で走れば最終ラインの味方も楽になる。やるしかない」と言えば、常田も「前線の選手が走ってくれるから守備陣もボールの奪いどころが定められる。本当に感謝している」。勝利のために、仲間のために、サポーターのために走れるかどうか。ようやく追い上げ態勢が整ってきた。

難敵に勝ち2連勝。前節と同じ先発メンバーによる4-3-3の布陣で臨んだ。前半9分、山本龍の左クロスを樋口が頭で決めて先制。14分に安藤のシュートのこぼれ球を浅川が頭で押し込んで追加点を奪うと、後半2分には樋口の右クロスに詰めた浅川が自身2点目を挙げた。33分には菊井のスルーパスに抜け出した山口のゴールで突き放した。

一番の要因は「集中力の強度」

霜田監督　相手に「(ボールを)持たせる場面」「持たせてはいけない場面」などメリハリをつけて守れた。この暑さの中で、最後まで集中力が切れなかった。その「集中力の強度」が無失点で終えられた一番の要因。順位が上のチームに勝たなければひっくり返せない。勝ち点3だけを考えて一戦一戦に臨む。(シーズンの)一番最後に一番上にいられれば良い。

4得点で沼津を零封し喜ぶ守備陣

後半、相手の決定機を防ぎ声を上げる大内

後半33分、チーム4点目のゴールを決める山口

2点先取から
悪夢の3失点
後半緩み流れ悪く

第18節　6/22　Away		
3	-	2
相模原		松本山雅

3試合ぶりに黒星。3試合連続で同じ先発メンバーで、村越、浅川、安藤が3トップの4-3-3。立ち上がりから主導権を握ると、前半37分に山本康が蹴ったボールを樋口が押し込んで先制。48分には左CKを樋口が頭で決めて2点目を挙げた。しかし、後半6分に相模原に豪快なミドルシュートで1点を返されると、11分にスルーパスに抜け出されて同点。終了間際に与えた自陣右CKの流れから決勝点を決められた。

後半48分、逆転ゴールを決められ肩を落とす菊井(10)ら

激しく流れが交錯し、混沌《こんとん》とした一戦が引き分けで終わるはずがなかった。後半48分、自陣右からのCKをGK大内が懸命にはね返したものの、こぼれ球から決勝点を献上。今季初の3連勝が霧散した霜田監督は「(相手の勢いを)はね返せる力があると思っていたが、力がなかった」と言葉を絞り出した。

勝利の女神はなぜ相模原にほほ笑んだのか。“答え”はピッチ上で戦った選手たちが一番分かっていた。前半は5バックで守りを固めた相模原に対し、ボールを支配して鮮やかに2点を奪ったが、米原は「スコア以上に崩せていなかった」と味方同士の動きの悪さを感じていたという。

その危機感が後半の失点に直結する。6分の失点は豪快なミドルシュートを決めた相手をたたえるべきだが、その5分後に許した同点弾は完全な油断。簡単にゴール前まで運ばれ、最後は常田と山本龍の2人でマークしながらシュートを射抜かれた。山本龍は「常田に任せてしまった」と悔やんだ。混乱状態のままの悪い流れを最後まで断ち切れなかった。

試合終了直後、6月19日に戸田監督が電撃解任された相模原はまるで優勝したかのような歓喜に包まれた。チームの逆境に結束し、逆転勝ちをつかんだ相模原イレブン。一方の松本山雅はどうか。主将の菊井は「試合中に『本当に勝ちたいのかな』と思うような言動やプレーをする味方がいた。チームがそういう(低い)レベルにいることを理解しないといけない」と危機感をあらわにした。次節は信州ダービー。勝利への執念がなければ、再び絶望を味わうことになる。

前半37分、先制点を決める樋口

前半48分、CKから追加点を決める樋口(右から2人目)

悔しさは3倍にして返す

霜田監督　決して前節、前々節の結果(2連勝)が影響したとは思わないが、やってはいけないプレーを随所でやってしまうとバチが当たる。得点は取れたが、相手のロングスローやCKから混戦になっても、はね返さなければいけないし、後半はボールを受けるのを怖がっていた。次はホーム戦(信州ダービー)。この悔しさを3倍にして返したい。

信州ダービー夏の陣
「守りに入って」攻勢許す

後半12分、頭で先制ゴール決める樋口（中央）

7試合ぶりに先発した安永が中盤の左に入る4-3-3で臨んだ。前半は、カウンターやピッチを広く使って前進した松本山雅が主導権を握った。クロスやセットプレーでゴールに迫ったものの、AC長野も踏ん張り、互いにスコアレスで終えた。後半も松本山雅が攻勢を維持し、12分の左CKを樋口が頭で合わせて先制。しかし、AC長野は33分にカウンターからのこぼれ球を途中出場の杉井がゴール左に蹴り込んで追いついた。

ダービーへの思いは強かった
頭で決めた育成出身・樋口

育成組織出身の樋口が初めて臨んだ信州ダービーで輝きを放った。後半12分の左CKを頭で押し込んで先制点をたたき出した22歳は「ダービーへの思いは強かった。たくさんの人の前でゴールを挙げられて幸せ」と声を弾ませた。

狙い澄ました先制弾だった。キッカーの菊井は「ニア（近いサイド）に多くいた相手の背後を狙った」。樋口は「キク君（菊井）からはいつも良いボールが来る。狙い通り」と力強くゴールネットを揺らした。

高校入学と同時にU―18に加入。専大を卒業後、育成組織出身で初の大卒新人として今季加入した。3試合連続得点を挙げ、前半戦を終えて5ゴールの活躍。ただ「勝ち切れず悔しい。この経験をきっかけにしたい」とさらなる成長を誓った。

第19節　6/29　Home

1 - 1

松本山雅　長　野

結果にこだわっていたので残念

霜田監督　絶対に勝ち点3を取らなければいけなかった。取れるチャンスはあったし、結果にこだわって勝利を届けようと思っていたので非常に残念。まだまだ力が足りない。1点を守りきれるチームにしなければいけないし、追いつかれても突き放せるチームにならないといけない。後半戦は違ったチームにしていきたい。

後半、ゴール前で攻撃を阻まれる安永（中央）

1万4千人を超える観衆が激闘の余韻に浸り、興奮冷めやらぬ雰囲気に包まれていた試合直後。ピッチを1周した山本龍に笑顔はなかった。「この引き分けは、他のチームに負けるよりも悔しい」。意地と意地がぶつかり合う信州ダービーでは勝利以外は許されない――。ピッチに立った者の本音だろう。

意表を突かれた立ち上がりだった。今季、一貫して3バックを採用してきたAC長野が、ふたを開けたら4バック。霜田監督は「最初はびっくりした」と面食らったが、ピッチ上のイレブンは冷静だった。

ボランチの背後やサイドを突き、球際で競り勝つ強さも発揮。軽快にパスを回しながら状況に応じて急所を攻め、完全にゲームを支配した。菊井が「相手に何もやらせていなかった。勝ちにふさわしい内容だった」と振り返る攻勢が、後半12分の樋口の先制弾という形で結実した。

しかし、勝利への欲が動きを止めた。「パスをつながなければいけないのに、先制してから長いボールを蹴って守りに入ってしまった」と山本龍。自分たち“らしさ”を見失ったことでスペースが生まれ、AC長野が息を吹き返す。AC長野の同点弾は必然の流れで、菊井は「自分たちの弱さが出た」と唇をかんだ。

2点リードから逆転負けを喫した前節の相模原戦後は、サポーターの激励が前を向くエネルギーになった。だが、霜田監督は「選手には『このままでは駄目だ』と伝えた。サポーターの拍手に甘えてはいけないし、声援に笑顔で手を振っているようでは絶対に駄目。このサポーターにふさわしい本当に強いチームにならなければいけない」。その言葉を、シーズン後半戦、10月の信州ダービーで証明したい。

信州ダービーでぶつかり合う松本山雅とAC長野の選手たち

サイド

サポーターの力

その声が背中を押す

熱さが生み出すクラブの力

●〝普通〟ではないクラブ

気温3・9度。冬が粘り強く居座る3月のサンプロアルウィンで、松本山雅はリーグ戦のホーム初勝利を挙げた。6千人近い観衆が選手たちと喜びを分かち合う光景は美しかったが、2万人に迫るサポーターで埋まった往時を知る身としては、やはり物足りなさも残った。

Jリーグは今季から、J1、J2、J3を20クラブずつに再編し、計60クラブがシーズンに臨んでいる。取材で訪れたことがあるアウェーは59会場。つまり、全ての対戦相手のホームスタジアムに足を運んだ。だから何でも知っている—と大口をたたくつもりはない。ただ一つ確信を持って言えるのは、松本山雅というクラブが〝普通〟ではないということだ。

●山雅ならではの「サイクル」

時に相手サポーターを凌《りょう》駕《が》するほどの松本山雅サポーターがアウェーに駆けつけ、選手一人一人のためにつくったチャント（応援歌）で背中を押す。ある時期までは負け試合でもブーイングが起きることはまれ。温かく、そして熱い応援は地域リーグ時代から質、量ともに同じカテゴリーでは抜きんでた存在で、チームの躍進を先導してきた。

松本山雅への移籍を決断した理由に、サポーターがつくり出すスタジアムの雰囲気を挙げた選手は数え切れない。松本や信州に縁もゆかりもなかった何人もの選手が、現役引退後に松本に戻り、クラブスタッフとして地域のために汗をかいている。みんな、松本や信州が好きになる。そんな選手たちに思いを託し、スタジアムで声をからして跳びはねることがサポーターの誇りや生きがいになる。〝普通〟では生まれない〝特別〟な好循環だ。

●「サポーターの声が一歩を出させてくれる」

岩手に1—0で勝った3月20日の試合後、新加入の馬渡和彰は「お世辞でも何でもなく、アップ中にサポーターの声を聞いて良い流れにしたいと思えた」と話し、主将を務める3年目の菊井悠介は「アルウィンって素晴らしい」と実感を込めた。

常田克人は、在籍8年目の橋内優也から聞いた言葉を心に刻んでいる。「苦しい時間帯に相手のカウンターで戻る時も、サポーターの声が一歩を出させてくれる。その人たちのためにプレーしなければいけない」。ピッチで聞くサポーターの声援を「まるでわが子に向けるよう」と受け止める常田は、「僕たちは勝つことでしか、その声に応えられないと思ってプレーしている」と力を込める。

岩手戦の前半、大勢のサポーターの声援を受けてプレーする選手たち＝3月20日

2019年の2度目のJ1参戦をピークに、松本山雅の成績は下降線の一途をたどった。コロナ禍も重なったとはいえ、成績に比例するように観客数も減少。映画館の扉を開けた時のような、遠くに住む恋人に再会した時のような、わくわくやドキドキも薄れている。

〝普通〟でない〝特別〟こそ、松本山雅の原点であり、松本山雅らしさの象徴ではないだろうか。「ツヨクナル」のはチーム。「ツヨクスル」のがサポーター。むせ返るような熱気に満ちたスタジアムを一人でも多くの人に味わってもらいたいし、そんな空間にまた足を踏み入れる日を楽しみにしている。

（デジタル版3月20日掲載）

〈前半戦〉激闘のフィールド

5試合ぶりの勝利を目指し、ホームで讃岐と対戦（4月20日）。1−1の同点で迎えた後半36分、パスを受けたFW安永玲央がドリブルで進入。ゴールラインすれすれで上げたクロスが相手のクリアミスを誘い、オウンゴールで勝ち越しに成功。誇らしげにポーズを決めた。

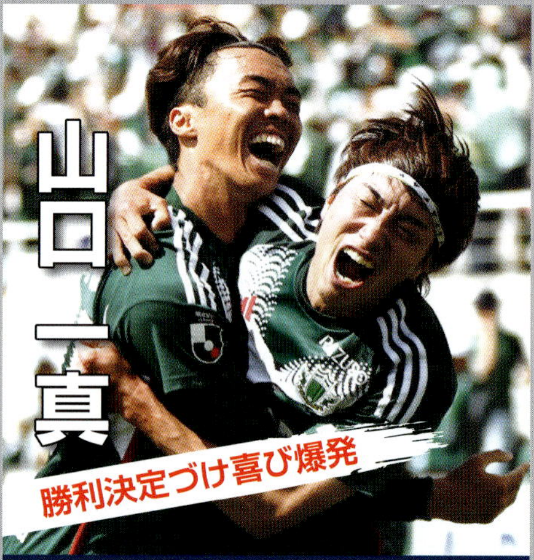

沼津とのホーム戦（6月16日）は前半9分にDF樋口大輝が先制、FW浅川隼人が同14分と後半2分に追加点でリードを広げた。同33分、途中出場のMF山口一真＝写真右＝がチーム4点目を決めると、スルーパスで得点を演出したMF菊井悠介と抱き合って喜びを爆発させた。

山雅 イン

前田陸王

ブーイングをいつか歓声に
怒号浴びたプロデビュー戦

「もう見てられねーよ！」「まだ諦めるな！」1―6で大敗した第8節（4月6日）の金沢戦。アウェーにもかかわらず約2500人が駆けつけた松本山雅サポーターの怒号と悲痛な叫びが飛び交う。「ずっと、サポーターの声が聞こえていた」。スタジアムの異様な雰囲気を敏感に感じ取っていたのは、ピッチ脇でプロデビューの〝時〟を待っていたMF前田陸王（22）だった。

大敗した金沢戦の後、ゴール裏でブーイングを浴びる前田（20）ら＝4月6日

出番が訪れたのは、1―5という絶望的なスコアで迎えた後半32分。「サポーターに少しでも『応援に来て意味があった』と思ってもらえるプレーをしよう」と決意を秘めてピッチに立つと、いきなり見せ場をつくった。相手のロングスローのこぼれ球を回収して菊井に預けると前線へ。リターンパスを受け、鮮やかなターンで相手DFをかわしてカウンターの好機を演出した。ゴールにはつながらなかったが、その後も走力を生かして前線を駆け回り、新人らしい泥くさいプレーで孤軍奮闘する姿が光った。

開幕8戦目でつかんだ初出場。そこまでの道のりは平たんでなく、地道な練習の積み重ねで切り開いた。流通経大在学中の1月にチームに合流。昨季10アシストをマークした菊井ら主力との実力差は歴然だったが、練習では〝序列〟に屈することなく貪欲に挑み続けた。

大学4年でようやく主力をつかみ、プロの切符をもぎとった前田は「日々の練習を大切にした者だけが、最後に上に行ける。それは大学での経験から学んだ」。一歩ずつ力を積み重ねる姿が、霜田監督の目に留まる。「とにかく、リオ（前田）は走れる。相手の嫌なスペースを突ける。練習で、メンバーに選ぶ理由を見せてくれるかどうかが大切だけれど『リオを選ばなければいけない理由』を見せてくれた」と目を細める。

そんな前田が大切にする言葉がある。北海道・東海大札幌高時代の監督に「『誰からも応援される選手になれ』と、ずっと言われてきた。大学の時も、その言葉があったから頑張れた。どんな時でも応援してくれる人たちに見せる姿を意識して練習を重ねたことでうまくなれた。だから、松本山雅でも腐らず、毎日の練習を大切にしていけば『いつか絶対に』という思いがあった」とうなずく。

金沢戦後、ゴール裏のサポーターから容赦ないブーイングを浴びた。「応援されている分、駄目な試合をした時に批判されるのは当たり前」。プロの厳しさを痛感しつつ松本山雅サポーターの熱気に触れて強い使命感が芽生えたという。「早くチームを勝たせられる選手になって、この人たちを喜ばせたい。（ブーイングと）逆の光景を想像したら、もっと頑張らなければいけないと思った」。J3に降格して3年目で喫したワースト6失点の大敗。22歳の若武者にとって忘れられないプロデビュー戦になった。

（デジタル版4月12日掲載）

〈前半戦〉激闘のフィールド

山本 龍平
先制点を演出したけれど

北九州とのホーム戦（5月18日）。FW浅川隼人の先制点は、3試合ぶりに先発復帰したMF菊井悠介が起点となり、2試合ぶりに先発のDF山本龍平がクロスを上げて演出した。しかし、チームは終了間際に追いつかれ引き分けに終わった。

樋口 大輝
前半2得点と攻めるが…

今季初の3連勝をかけて挑んだアウェー相模原戦（6月22日）。前半から積極的に攻撃を仕掛け、前節も得点したDF樋口大輝が2得点を挙げる活躍を見せた。しかし、後半は一転して攻め込まれ、試合終了間際に失点し、まさかの逆転負けを喫した。

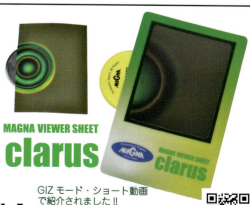

流儀 霜田正浩

松本山雅FCの指揮官を今季も務める霜田正浩監督は、高校卒業後にブラジル留学したり、日本サッカー協会技術委員長として日本代表強化を担ったりと多彩な経歴を持つ。「らしさ」は人が決めるもの、「流儀」は自分で決めるもの、という信念に基づき、サッカーや地域に対する思い、人生を歩むヒントになる言葉を連載でつづる。

「ツヨクナル」そのために

松本山雅の今季のスローガンは「One Soul ツヨクナル」。最初に聞いた時、今年の僕らにぴったりな言葉だな、と思った。昨年は大きく成長した選手もいたが、チームが強くなったかと問われると、肝心な試合で勝ち点を落としたり、競り負けたり。今年は、まさにチームとしても個人としても「強くなる」ことが最大のテーマだからだ。

「強さ」とは一体、何だろう。目の前の試合に勝つことだけが強さの証しなのか、一度勝てば良いのか。天皇杯やカップ戦で下のカテゴリーのチームが格上に勝つ「ジャイアントキリング」が〝真の強さ〟と呼べるのか。目先の結果で強さを語るのは簡単だが、本当に大切なのは「どうやって勝つか」「どうすれば勝ち続けられるか」を追求することだと思う。

僕が考える強さとは、目標達成のために信念をぶらさず、身にまとう鎧を少しずつ磨くこと。「俺たちはこうやって勝つ」という基準を掲げ、良い選手をそろえ、成長できる環境を整え、思考力と高い意識を育む。これを身につけたチームが継続性と再現性を兼ね備えた強さを持つ。J2、J1という先を見据える強さこそが、クラブとして「ツヨクナル」ことだと思う。

強くなるためには、リスクとも向き合わなければならない。リスクを背負わなければリターンはない。勇気を持ってチャレンジする気持ちが大きな成果を運ぶ。これまで松本山雅が〝専売特許〟としてきたハードワークを重視した戦い方と比べれば、主体的に攻撃を組み立て、積極的にボールを奪いに出る今の戦い方やスタイルは多少リスクがあるかもしれない。

ただ、Jリーグ全体がハードワークを「標準装備」する時代に入った。「ひたむきに戦う」「戦う姿勢を出す」ことにプラスアルファがなければ違いは生み出せない。僕らはさらなるリターンを信じて、昨季、そして今季のキャンプからスタイルを積み上げてきた。チームは確実に成長している。勇気を持って戦い続けたい。

勝利の女神は勇者にほほ笑む。

（寒さの厳しい）松本という土地柄、開幕前後を含めて長期のキャンプに出るのは仕方がないが、寝食を共にする時間が長いほどチームとしての土台も結束も固まっていく。開幕戦（宮崎・2―1）も第2節（琉球・2―2）もキャンプから練習拠点にしていた鹿児島から移動して戦った。開幕から2戦を終えて勝ち点4という状況は昨季と同じ。それでも、去年よりもはるかにできることが増え、たくましくなっている。琉球戦はラストプレーで勝ち点1をもぎ取った。勝利への執念と諦めない気持ちをプレーに出すことが勝負強さにつながるならば、僕らは間違いなく強くなる途上にいる。

今年最初のミーティングで、選手たちに「覚悟と野心を持とう」と話した。この二つは他人からもらうものではない。強くなるためには、自分自身で決めてやり切ることが大事だ。支えてくれる皆さんの期待に応える覚悟、絶対に優勝して次のステージに上がる野心。選手たちから、そういうギラギラ感が出てくるとチームとして強さがさらに磨かれると信じている。自分と闘い、敵と戦い、プレッシャーを力に変え、覚悟と野心を両手に強くなりたい。絶対に強い松本山雅を取り戻す。

（3月7日本紙掲載）

思い乗せた言葉で送り出す

スポーツの主役は選手であって指導者ではない。準備の過程ならいざ知らず、試合当日となればなおさら監督ができることは少ない。それでも「選手たちを決戦の舞台にどう送り出すか」には、強いこだわりを持っている。

松本山雅が試合直前に行うミーティングは長くても25分。集中して耳を傾けられる時間としてはそれが限界だと思う。相手の先発メンバーを踏まえた戦い方やセットプレーの最終確認…。パソコンを使って一通りの説明を終えると、最後に僕から選手たちに言葉を伝えている。

「ハードワークは才能に勝る」

無敗で首位の大宮を破った第13節では、欧州クラブのロッカールームに貼ってあるという言葉を伝えた。3連勝を狙った第12節の八戸戦で相手のハードワークにのみ込まれて敗れていたからこそ、前線にタレントがそろう大宮に勝つためには、僕らの戦う原点で上回るしかない。その言葉が選手たちを後押ししたかは分からないけれど、ピッチ上で体現してくれたことが勝利につながった。

Jリーグで数多くの試合を指揮してきたが、選手たちに伝える言葉は毎試合、変えている。他競技、映画、本、歴史、宗教……。サッカー界だけではなく、僕自身が学んだあらゆるジャンルの言葉の「引き出し」の中から、チーム状況や対戦相手に応じて「今回のゲームの鍵は何か」「どんな言葉が選手たちの闘争心に火を付けるのか」を探し出す。

昨シーズンのアウェー北九州戦では、自動車メーカーで販売台数日本一を記録した営業マンの話をした。「日本で一番断られた回数が多いからこそ、日本で一番買ってもらうことができたと思う」。サッカーに変換すれば「シュートを外すことを恐れず、積極的に何十本も打つことが大事だ」。蓮(小松、現J2秋田)がハットトリックを達成して4―2で勝ったそのゲーム後、選手たちが「今日はたくさん〝営業〟したな」と話す姿が印象深かった。

ゲーム直前のミーティングで選手たちに何をどう伝えるかは指導者によって異なる。日本協会の技術委員長時代に招聘した日本代表のハビエル・アギーレ監督は、熱が入ると通訳を待たずに話し続ける。聞く側は正直、通訳の言葉に追いつけない。それでも、ものすごい「熱量」が伝わって心に火が付く。これは言葉がいらないな、と感じた。聞こえがよく格好いい言葉より、心から伝えたい魂が言葉に乗ることが大事だ。

どうすれば自分が一番伝えたいことを選手たちに伝えられるのか。セオリーがないからこそ、ゲームに向けた1週間、常に模索している。ただ、毎試合伝えたい核の部分はいつも同じ。「気持ちを込めて戦ってほしい」「見ている人に勝利と感動を届けたい」。その思いを乗せ、新鮮な気持ちで選手たちをピッチに送り出せるように工夫を尽くすことが、試合当日の僕の大きな仕事だ。

ミーティングの言葉と勝敗の因果関係は正直、分からない。「今日はうまく話せなかったな」と反省する試合もたくさんあった。そういう試合で勝ってくれると本当に選手たちに感謝だ。

シーズン途中から大宮を指揮した2021年、勝ってJ2残留を決めた最終節のミーティング後、選手たちの表情を見て「今日は勝てる」と確信した。その時の言葉は「諦めなかったやつだけに未来は来る」だった。**(5月29日本紙掲載)**

有言実行 真のキャプテンへ

シーズンも約3分の2を消化し、大詰めを迎える。ここから先は目標だけを捉えて準備でもハードワークし、戦うのみ。ただ、選手それぞれが好き勝手なプレーに走ると一体感が生まれない。僕らスタッフがいくら「チームのために頑張ろう」とハッパをかけても〝やらされているだけ〟になる。最終的には選手たちの心に「このチームで昇格をつかむ」という強い思いが芽生え、団結できるかどうか。その旗頭となるのがキャプテンだ。

僕はチームが発足してもすぐに主将を決めない。経験も知見も兼ね備えたメンバーが多いのか、移籍加入した選手ばかりなのか……。「今年はどんな選手たちの集まりか」をキャンプから観察し、チームの特徴に最適な主将を選ぶ。

今季は24歳の菊井をキャプテンに指名した。若いメンバーが多く、選手たちの向上心と成長が、昇格の原動力になると考えたからだ。実績豊富なベテランの主将が「俺の経験ではこうだ」と枠にはめてしまうよりも、伸び盛りの若手が軸となって試行錯誤しながら結束していく方が、想像を超える成長を生む。菊井は大卒3年目だけれど、去年の活躍（6ゴール10アシスト）は文句なし。勝負にストイックで、年齢に関係なく自分にも仲間にも厳しく要求できる。「主将として成長し、チーム全体のレベルを押し上げてほしい」という思いで大役を託した。

僕自身が出会ったキャプテンの中で強く印象に残っているのは、昨季限りで現役を引退した元日本代表主将の長谷部誠だ。日本協会の技術委員長という立場で、代表歴代最多の81試合で主将を務めた彼のキャプテンシーを間近で見てきた。

2018年のワールドカップ（W杯）ロシア大会を懸けたアジア最終予選（16～17年）。日本は初戦でUAEに逆転負けを喫した。日本が最終予選の初戦、それも満員の埼玉スタジアムで敗れたのは初めて。5日後に迫ったアウェーでのタイ戦に向けて心身ともに立て直す必要があった。ただ、当時のハリルホジッチ監督は敗戦のショックで通訳とも話さないような状態に陥ってしまった。

そんな時、首脳陣の下に長谷部がやって来た。「監督もショックだと思うけれど、選手たちはもっとショックを受けている。元気を取り戻すために選手たちだけで夕飯を食べに行きたい」と直訴。ハリルも快諾して送り出した「バンコクの一夜」を転機にチームは結束を取り戻し、タイに2―0で勝てた。

長谷部は感情に左右されない。常に「いまチームに何が必要か」を察知して行動していた。チームが好調の時はキャプテンの存在感はなくてもいい。むしろ、悪い状態の時にいかにチームを立ち直らせるかを考え、行動する。それが本当のキャプテンシーだと思う。

菊井は第24節の相模原戦でJリーグから厳重注意（侮辱的な行為）を受けたように、勝利に貪欲なあまり、熱くなりすぎてしまう面がある。ただ、昨季は判定への「異議」によるイエローカードを4枚もらったが、今季はまだ異議による警告は一度も受けていない。感情に任せて暴走したり、退場になったりすると、チームにとってマイナスでしかない。主将としての役目を果たせないことを認識しているからだ。

責任が人を成長させる。菊井も感情をコントロールできるようになってきた。経験を積み重ねながら、まずチームのために仲間のために自ら走り戦う。それでこそ主将としての言葉に重みが生まれる。決して「言葉だけ」ではない「有言実行」の真のリーダーになれると信じている。

(8月30日紙面掲載)

攻撃停滞━負の連鎖
90分「スタイル」貫徹できず

前半、ドリブルでゴール前に攻め上がる安永＝東奥日報社提供

選手たちの受け止めはそれぞれだった。「少ないながらもチャンスはつくれていた。なぜ決めきれなかったのか」（菊井）、「相手のプレスをかいくぐれたシーンは数えるくらいだった」（常田）。反撃ののろしを上げる意味でも重要だったシーズン後半戦初戦。1点勝負の舞台裏で何が起こっていたのか。

霜田監督が「ハードワーク勝負になる」と想定していた通り、八戸の守備の圧力は強烈だった。前線にパスを送っても、迷いのないプレスでつぶされて刈り取られた。

ただし、完全に勝機を見失ったわけではなかった。2点リードから逆転を喫した第18節の相模原戦は失点してパニック状態に陥ったが、「あの試合のように分裂はしていなかった」と米原。磨いてきたパスワークで愚直に打開を試み、武器のセットプレーでゴールに迫る。主導権こそ握られていたが「スタイルを貫く」という点では“受け身”ではなかったかもしれない。

それでも勝ち点をつかめなかったのは、それを90分間徹底できる強さがないから。特に後半は相手のプレスをはがして少しずつ流れを引き寄せながら、25分過ぎから自陣で不用意なパスミスを連発してカウンターを浴びた。常田が「あそこから相手のペースになってしまった」と悔やむ展開をはね返せないまま、痛恨の決勝点を許した。

スタイルを見失わず、課題だった守備も全員が戻って体を張ったかもしれない。しかし、結果的にJ2自動昇格圏内の2位とは勝ち点差7に拡大。「こうやって一試合、一試合終わってしまう」（常田）。逆転昇格に向け、求められているのは勝利だ。

安藤が2試合ぶりに先発復帰して3トップ右に入る4-3-3の布陣で臨んだ。前半、八戸のプレスを受けて後手に回った。セットプレーから好機をつくったものの決められず、0-0で折り返した。後半はボールの主導権を握ってチャンスをつくったが、38分に縦方向のクロスを頭で決められて、そのまま逃げ切られた。

相手の勢いを受けた

霜田監督　コントロールされていて、良い試合ができたとは思うが、少ないチャンスを決められてしまった。それを与えたのは僕らのボール回しが原因。猛省しなければいけない。『前向きのサッカーをやろう』と準備してきたが（プレスを受けて）後ろにパスを下げてしまい、受けた選手も横パスをするなど、相手の勢いを受けてしまった。こういう試合が一番こたえる。

第21節　7/14　Home

2-0

松本山雅　FC大阪

「三つのキーワード」体現 難敵を攻め崩す

前半24分、先制ゴールを決めて喜ぶ浅川（右

野々村が7試合ぶりに先発して守備ラインに入る4-3-3の布陣で臨んだ。前半24分、相手GKがはじいたボールを拾った樋口のシュートを浅川が右足で押し込み先制。34分には安永が頭でそらし、守備ラインの裏に抜け出した浅川が2点目を決めた。後半途中から走力のある滝や佐相を投入して4-4-2に布陣を変更し、無失点でリードを守り切って快勝し、4戦ぶり白星。↖

前半34分、2点目のゴールを決める浅川

前半、懸命にゴールを守るGK大内(中央)ら守備陣

ハードワークを徹底した

霜田監督　複数得点、無失点で勝ち点3を取れてうれしい。ハードワークを徹底して相手のやりたいプレーをさせなかった。セカンドボールをしっかり拾えたし、拾えれば相手の最終ラインの人数は少ない。相手の守備の戻りよりも速く攻めることが勝負だった。J2に昇格するためには、いろいろなタイプの相手に勝つ強さが必要。

最強の「盾」を見事に打ち破った。前半に2ゴールを挙げてリーグ最少失点を誇るFC大阪を粉砕。「ハードワーク」「矢印を折る」「スピード」という三つの勝利のキーワードを体現した。

苦い敗戦と屈辱が土台にあった。0－1で敗れた前節の八戸戦はパスで崩すスタイルに固執し、強烈なプレスを受けてミスを連発。最終ラインの宮部は「長いボールなど相手の推進力の矢印をひっくり返す選択もすべきだった」と振り返る。

同じ轍《てつ》は踏まない。八戸と同じように、走力を生かし、長いボールを使うFC大阪に対し、まずは体を張った空中戦で対抗。セカンドボールの争奪で上回ると、ここからが真骨頂だった。

「はね返せば相手は前がかりになっているので崩せる。チャンスになると分かっていた」と樋口。前半24分の先制点はGK大内のロングフィードを浅川が収め、左サイドを駆け上がった山本龍のクロスが起点となった。競り勝ち、相手の逆を突き、スピードを上げて一気に仕留める。山本龍は「裏に走れば相手のラインも下がる。走り勝てた」と力強く言い切った。

昨季から磨いてきたパスワークだけでなく、ロングボールやセットプレーから得点するなど攻撃は多彩だ。だが、選択肢が多いゆえに相手の特長や試合展開に応じた柔軟な戦いが不得手という欠点があった。「自分たちのスタイルを貫きながら、対戦相手が嫌がる戦いも徹底して勝ち点を積み上げたい」と霜田監督。待ったなしで成熟度を高めなければ、厳しいJ2昇格争いで生き残ることはできない。

後半、北九州の攻撃をはね返す樋口(中央)ら

しのいで零封
足止まっても集中切らさず

前節と同じ先発メンバー。山本康、米原、安永を中盤に置いた4-3-3で臨んだ。両サイドを起点とした攻撃で流れを引き寄せると、前半46分に左クロスのこぼれ球に安藤が反応したが、ポストに当たって逸機。後半は立ち上がりこそ主導権を握ったが、その後は足が止まった。北九州に押し込まれて再三のピンチを招いたが、GK大内の好セーブもあり無失点でしのぎ、スコアレスドローに。

目指すこと半分はできた

霜田監督　最低限の勝ち点1だが、体を張った守備で無失点に抑えた。目指すことの半分はできたが、得点が取れなかった。相手の守備をこじ開けるクオリティーやシュートの意識など、点を取るために必要なことが今日は出せなかった。次戦もしっかり相手の得点をゼロに抑えて、今度は複数得点を取って勝ち点3を取る。そこに全力を尽くしたい。

前半、頭でゴールを狙う野々村(中央)

試合開始の午後6時の気温は30.2度。まとわりつくような熱気と湿度をはねのけて攻め続けていた松本山雅イレブンの足が止まった。「今年のゲームで一番きつかった」(菊井)。9試合負けなしと波に乗る北九州の怒濤《どとう》の反撃が残り15分から始まった。

失速を察知した霜田監督も守備の連係が取りやすい4-4-2に布陣を変える手を打ったが、簡単に流れは変わらない。高い位置からプレスをかけられなくなり、じわじわと自陣に後退。北九州のアタッカー陣に次々と進入され、クロスや強烈なミドルシュートを浴びせられた。

ただ、好セーブが光ったGK大内は、脅威を感じていなかったという。「みんながしっかり相手に体を寄せてくれた。だから相手のシュートコースを限定しやすかった」。霜田監督も「自分たちの裏のスペースを突かれていたわけではないので、相手のシュートはほぼ正面から。そこがゼロで抑えられた要因」と最後まで集中力を保った守備をたたえた。

1試合平均1点以内となる総失点38を今季の目標に掲げながら前半戦だけで26失点。特に体力が落ちて足が止まる後半15分以降の失点が顕著で、終盤のゲーム運びが最大の課題だった。

それでも、引き分けとはいえ、前節に続く無失点に「今まではこういう試合で最後に失点して負ける展開もあったが、全員が体を張って気持ちを込めてゴールに鍵をかけてくれた」と霜田監督。負けないチームに成長しつつあるが、攻撃で決定機を仕留められなかった野々村は「あとはチャンスを決め切る力が必要」。勝ち切るチームに進化することが、J2昇格の絶対条件だ。

序盤攻勢のち守勢
中央の攻略許す

後半、相手の攻撃を防ぐGK大内(右から3人目)ら

第23節　7/27　Home

1 - 1

松本山雅　福島

後半、相手の攻撃に耐える

前半4分、先制ゴールを決める安藤(左)

開始4分、4本連続となったCKの流れから安藤が「キク(菊井)から良いボールが来た」と豪快に先制弾をたたき込む最高の滑り出し。ゴールラッシュを期待させたが、終わってみればここが松本山雅のクライマックスだった。

そこから守備に奔走する地獄のような時間が始まった。中盤3人が流動的に動きながらパスワークで前進する福島に対して、中央の守りを固めて虎視眈々《たんたん》とボールを刈り取る算段だったが、菊井は「奪いに出て行けば背後を狙われる。パスを引っかけるタイミングを探っていたけれど、相手のスキルが上だった」と脱帽。中央をかき回され、手薄になったサイドから押し込まれる悪循環に陥ると、前半43分に自陣左からの速いクロスを頭で押し込まれ、あっさりとリードを吐き出した。

後半はサイドのスペースをカバーして流れを引き寄せかけたが、肝心の攻撃のギアが上がらない。「守備に時間を使いすぎて、カウンターを含めて攻撃に回る人数が増えていかなかった」と安藤。不用意なパスミスやトラップミスで流れを手放すと、終盤はロングボールを蹴り合う淡泊な攻めで観衆のため息を誘った。

堅守に自信を深め、直近3試合は黒星なし(1勝2分け)。ただ「負けてはいないが、勝ってもいない」(霜田監督)とジレンマを抱える。足踏みを続ける間に、J2自動昇格圏2位との勝ち点差は10に拡大し、今季は残り15試合。「最近の攻撃はセットプレーの一辺倒で見ている人もつまらないと思う」と菊井。洗練されたパスワークで攻める福島のように、松本山雅が「俺たちはこれだけは負けない」と胸を張れる武器は何か。それが見えない。

滝が11試合ぶりに先発して3トップ左に入る4-3-3で臨んだ。前半4分、右CKの流れからの右クロスを安藤が右足で蹴り込んで先制。しかし、福島の攻勢を受けた43分、自陣左からのクロスを頭で押し込まれた。後半は中央を崩されるピンチをしのぎ、藤谷、村越、山口を投入。カウンターから好機をつくったが追加点を奪えなかった。

2点目取りにいく姿勢を持て

霜田監督 守りは本当に厳しさや堅さを取り戻したが、2点目を取れなかったことが(引き分けに終わった要因の)全て。2点目を取りにいく技術にトライする部分が足りなかった。後半は守りを修正してリズムをつかめたが、もっと攻撃を磨いて常に2点目を取りにいく姿勢を持たなければいけない。

My Soul
菊井悠介

勝負の責任を背負うプロ

きくい・ゆうすけ　大阪府出身。大阪桐蔭高から流通経大に進み、卒業した2022年に松本山雅に加入した。昨季は6ゴール10アシストをマークしてJ3ベストイレブンに輝いた。今季から背番号10と主将を担う。MF。24歳。

松本山雅のキャプテンとしてピッチに立つシーズンも後半戦に入りました。開幕前のイメージとかけ離れた結果や順位に、自分の力のなさを痛感しています。「一人では何もできない」ともがきながらも、自分が培ってきた〝プロの基準〟を下げてはいけないという決意もあります。

元イングランド代表のベッカムに憧れてサッカーを始めたのは4歳の時。中学時代はJ1神戸の育成組織で腕を磨きましたが、ユースに昇格できませんでした。同期だった仲間がユースで活躍する姿に「いつかプロで出会ったら絶対に勝つ」と反骨心を抱き、大阪桐蔭高時代は朝から晩まで練習に没頭しました。

卒業後、流通経大に進みましたが、レベルの高さにびっくりしました。僕を含めた同期の12人がJリーガーになったように、多くのプロを輩出する強豪校です。4学年を合わせれば〝プロ予備軍〟は数十人。過酷な競争環境でしたが「やることをやれば、自分も必ずプロになれる」と強い覚悟が芽生えました。

しかし、当時の自分は精神的に未熟でした。試合で使われなかったり、途中交代になったりしたら「何で代えるんだ」と監督に反発し、周りの意見を聞く耳もありませんでした。2年生の終盤にはトップチームからも外されました。

選手として、人として成長する転機は、3年生の時にコーチに就任したチョウさん（曺貴裁・現J1京都監督）との出会いでした。チョウさんにプロの姿勢を説かれました。

「メッシ（アルゼンチン）の練習を500円で見られたら見るだろ？　俺たちはメッシではない。でも、100％で練習に取り組むことはできる。練習でお金をもらえるような選手になれ」

ダッシュや何げないトラップも、適当に流しているか、本気で取り組んでいるかどうかで質が変わる。練習の質が格段に上がっていきました。

一番心に刺さったのは守備の大切さでした。当時の僕は、華麗なプレーや強烈なシュートなど、攻撃で違いを見せることにこだわり、守備をおろそかにしていました。チョウさんに「プロにはおまえと同じ攻撃のポテンシャルを持った選手はたくさんいる。ただ、守備もできる選手は一握り」と指摘されました。

壁にぶつかっていたからこそ、その通りだと痛感しました。自分だけが派手なプレーをしても、なかなか1点は取れません。でも、チームの1人として必死に守備で走って戦えば、1点を守れる可能性も、そこから1点を奪える可能性も高くなる。それを理解してからシンプルなプレーや守備でも走るようになって道が開けました。

チョウさんには「勝負の責任を背負え」と言われていました。大学時代は「サッカーは1人で戦うわけではないし……」と真意が分かりませんでした。でも、松本山雅に入団して3年目。球際での攻防、守備への戻り、声かけ……。一人一人がワンプレーにこだわることが勝負の責任であり、それが明暗を分けると実感しています。

いま、僕を含めてチーム全員が変わらなければいけない時です。チームのために何ができるのか――。キャプテンとして先頭に立って、その姿を示さなければいけないと思っています。

（7月19日本紙掲載）

後半50分、勝ち越しゴールを決める村越

前節から先発2人を変更。常田が4試合ぶりに復帰し、安永と米原がダブルボランチを組む4-5-1で臨んだ。前半6分に先制されたが、44分にCKの2次攻撃から浅川が頭で押し込み同点。50分に山本龍の右クロスを菊井が決めて逆転した。後半35分に追いつかれたが、終了間際にカウンターから途中出場の村越が勝ち越しゴールを決めた。↖

第24節　8/17　Home		
3	-	2
松本山雅		相模原

後半50分の劇的決勝弾

後半50分、勝ち越しゴールを決め喜びを爆発させる村越（右下）

後半、ボールを奪い攻め上がる菊井(左から2人目)

前半44分、頭で同点ゴールを決める浅川(右)

貪欲に取りに行くサッカーを

霜田監督　最後の最後に劇的なゴールを取ることができたが、2点取られたことは反省点。もっと早く(勝負を決める)2、3点目を貪欲に取りにいくサッカーをしたい。ただ、今日はボールを奪ってからのカウンターをテーマにしていた。それが実って良かった。

クライマックスは最後に待っていた。3戦連続ドローの気配が漂い始めた後半50分にロングカウンターから村越が勝ち越し弾をたたき込む劇的な勝利。司令塔として1ゴール1アシストと気を吐いた菊井は「監督には『自由にやれ』と送り出された。ここで結果を出すしかないと思って臨んだ」。懸ける思いは人一倍強かった。

その言葉にはチームの変化が隠されていた。シーズン途中から4－3－3の布陣を採用したが、3週間の中断期間が明けた今節は、トップ下に菊井を置く開幕時の4－5－1に戻した。霜田監督は「(自陣で)ボールを奪い、菊井の前に3人がいる状況をつくり出したかった」と決断の理由を明かした。

その指揮官の思いに応えるゴールを生み出した。1－1の前半50分、自陣でセカンドボールを回収すると、右サイドを駆け上がった山本龍が逆サイドの菊井へクロス。「龍平(山本)が良く自分を見てくれた」と右足で豪快に蹴り込んだ。

決勝ゴールも逆襲の先陣を切った菊井に4人が呼応。村越は「キク(菊井)と目が合ったので信じていた。彼は、僕の力を引き出してくれる」と感謝の思いを口にした。

中盤を支える山本康が出場停止だったこともシステム変更の理由の一つ。ただ、それ以上に「自分の得意な位置はトップ下」と語る主将が輝きを取り戻し、J2昇格に向けて勢いに乗る勝ち点3をつかんだことは大きい。

「残り試合、全て『決勝戦』のつもりで戦う。難しいかもしれないが、やるしかない」と菊井。難局は続くが、乗り越えることでしか道は開けない。

後半、ゴール前で競り合う宮部（中央）＝北日本新聞社提供

覇気なく3失点
上昇気流帳消しの完敗

大逆転でJ2昇格を狙う霜田監督は「勝った次の試合が大事」。今季ホームで無敗の富山を倒し、連勝で上昇気流に乗るもくろみは、3失点の惨敗で打ち砕かれた。

富山の術中にはまった。最終ラインでピッチの横幅を広く使ってパスを回す相手に対し、前線から圧力をかけ「長いボールを蹴らせてセカンドボールを拾う」（常田）というプランだった。

だが、絵に描いたように自滅した。松本山雅が前線からプレスをかけると同時に、富山は待ってましたとばかりにロングボールを蹴る。「前線の4人がプレスに出ているので、中盤がすかすか」と山本龍。前半41分に許した先制点は、まさにこの形から中盤でセカンドボールを拾われて自陣右を突破された。

後半8分には、相手のゴールキックから守備が後手に回り、自陣でファウルの判定を受けると、守備対応した中村が「審判に確認しようとして……」。相手から目を離した一瞬の隙を突かれ、素早いリスタートからクロスを浴びて失点。中村は「僕のプレーでゲームを壊してしまった」と唇をかんだ。

前節は1万人超が駆けつけたホームで劇的な逆転勝ちを飾ったが、それを帳消しにする完敗。攻守でミスが目立ち、作戦を遂行するだけの走力、気力、執念が感じられなかった。

山本龍は言う。「パスやトラップのミスはあった。でも、パスを受けに来ない選手もいた。それは技術の問題じゃない」。そもそも大逆転を狙う“覚悟”はあるのか。アウェーの地で徒労感だけが残った。

第25節 8/24 Away		
3	-	0
富山		松本山雅

2試合連続で同じ先発メンバー。安永と米原がダブルボランチを組む4-5-1で臨んだ。前半41分に自陣右でセカンドボールを回収され、クロスから先制を許した。後半8分には、FKの素早いリスタートから追加点を奪われた。13分に村越ら3人を投入したがゴールを奪えず、49分に3失点目を喫した。

3失点ともミスで自滅

霜田監督　ゲーム内容も結果も（戦う）姿勢も、全て監督の自分の責任。試合に向けた準備段階からもっとしっかりやっておくべきだった。3失点ともミスで自滅だった。相手にロングボールを蹴られて後ろ向きで走らされる展開の繰り返し。流れが来そうな時のミスもあった。僕らのサッカーをもう一度見つめ直し、最後まで信じて戦いたい。

前節の屈辱を力にハードワーク

台風10号の襲来で開催が危ぶまれたゲームでしぶとく勝ち点3をもぎ取った。前半26分に奪った“虎の子”の1点を守り切った。リードしてからのゲーム運びが大きな課題だっただけに、霜田監督は「誰が出てもハードワークの質を落とさない。最後まで集中して守ってくれた」と息をついた。

攻守で圧倒されて完敗した前節の富山戦の屈辱を力に変えた。主将の菊井は「あらゆる面でハードワークがもっと必要だった。僕らの足りない部分が明白になった」と練習から全員で高い強度を徹底してアウェーの地に乗り込んできた。

先制に成功すると、「ボールを失ってから5秒以内で奪い返したり、こぼれ球を回収したりすることを強く意識した」と村越。後半は足がつって交代する選手が出るほどの消耗戦となったが、安藤ら途中出場のメンバーを軸に最後までゴールを割らせなかった。

リードしてからの勝負弱さはデータに表れていた。先制点を奪ったゲームの勝率で5割強にとどまるが、大宮、今治、富山の上位3チームは7～9割をマーク。37歳のベテラン橋内は「追加点が奪えなくても1－0で勝ち切れるようにならなければいけない」と厳しく指摘していた。

「こういうゲームを続けていくことが大切」と村越。J2昇格を狙う勢いを再び取り戻せるか。首位の大宮をホームに迎える次節は、今季の命運を左右する一戦になる。

前節から先発3人を入れ替えた。移籍加入後、初スタメンの中村を2列目の右、7試合ぶりに先発復帰した村越を左で起用。野々村が守備ラインに入る4-5-1で臨んだ。前半26分、村越の左ロングスローから樋口が頭で決めて先制。後半の決定機は逃したが、ピンチをしのいでリードを守り切った。

第26節 8/31 Away		
0	-	1
岐 阜		松本山雅

無失点に抑えた選手をたたえたい

霜田監督　総力戦のゲームで無失点に抑えてくれた選手たちをたたえたい。追加点は奪えなかったが、佐相や安藤、住田ら途中出場の選手を含めて守りで絶対に失点しないというプレーをしてくれた。こういう経験を重ねることが、本当の（成長につながる）経験になる。

後半、相手のシュートを阻む二ノ宮（左）＝岐阜新聞社提供

My Soul 安藤 翼

小嶺先生から教わった反骨心

あんどう・つばさ　大分県出身。長崎総合科学大付高から駒大に進み、卒業後の2019年に日本フットボールリーグ（JFL）のホンダロック（現ミネベアミツミ）に入団した。翌年に八戸に移籍し、21年から昨季まで相模原でプレー。今季、松本山雅に移籍加入した。FW。28歳。

高校、大学、JFL、J3……。一歩ずつ階段を上がってきました。原動力は「必ずはい上がる」「なにくそ」という反骨心。それを教えてくれたのは国見高（長崎）を率いて全国高校選手権で6度優勝した故・小嶺忠敏先生でした。

先生との出会いは中学3年の時。J2大分ユースへの入団を心に決めていたある日、長崎総合科学大付高の総監督を務めていた先生が試合を見に来てくれました。試合後、先生が家まで来てくれて、1週間後には「うちのエース候補も連れてきた」と2学年上の吉岡雅和さん（J2山口）と一緒に来てくれました。熱意とサッカー漬けの環境に引かれて進路を変える決心をしました。

練習は想像以上のきつさでした。全体練習が終わると、毎日のように走るメニューがありました。1キロ走を8本、ダッシュ、ボールを使ったリレー走……。練習でミスが目立つと、先生が「走ってこい」と。当時は「サッカーしたいのに……」と理不尽に感じることもありました。

それでも、先生は厳しくも温かいまなざしを注いでくれました。午前5時50分から体育館で行う朝練習では必ず僕らよりも早く来ていました。僕を含め、朝練前に自主練習する部員をじっと見つめて「練習の様子を見て俺も学べる」と。10キロのランニングでもサボっていないかコースを車で巡回。熱い行動力に「この人に付いていきたい」と思いました。

でも、先生が本当に熱い視線を向けていたのは「苦しい時」。高校3年の時、僕は主将と10番を任されましたが、無意識におごりが出ていたのかもしれません。先生に「そういう気持ちの選手は使わない」とAチームから外されました。当時は理由が分からず、「なぜ……」と思ったものの、先生からは「俺に何を言われてもはね返す力がなければ人としても選手としても成長しない」と口酸っぱく説かれていました。だから「はい上がるしかない」「負けたくない」と、悔しさをエネルギーに変えてチームを引っ張る主将になることができました。

いま思えば、先生は意図的に僕に試練を与えたのかな、と感じています。それを実感したのが相模原でプレーした昨シーズン。J1を目指す中で「年齢的にも今年結果を残せなければ厳しいな」と現役引退も覚悟していました。途中出場が多い苦しい状況でしたが「腐るのは簡単。どんな逆境でも準備を尽くして、わずかな出場時間で爪痕を残す」という強い決意で臨み続け、35試合のうち28試合が途中出場でしたが、プロでキャリアハイとなる10ゴールをマーク。高校時代の経験が力になりました。

サッカーに限らず、状態が良い時に力を発揮するのは難しくありません。大切なことは、うまくいかない時にどう踏ん張って乗り越えるか。それが先生の最大の教えだと感じています。

松本山雅は正念場が続いています。大事なことは「絶対にはい上がる」という思いをピッチで体現し続けること。「足を止めたら終わり。自分を信じてやり続けろ」。先生ならきっと、そう言うと思います。（8月17日本紙掲載）

高井和馬　山雅インサイド　山口一真

現実を受け止めて見えたもの

2度の大けが、戻らない感覚…

「守備でもっと寄せたり、1対1で負けなかったり……。そういう細かい部分しか、もう自分は伸びないと思う」。5月下旬、練習後の取材で山口一真が不意に放った言葉に胸を衝《つ》かれた。〝獲物〟に照準を合わせるかのように鋭い眼光で強気にゴールを狙い続けるストライカーが、ふと弱音を漏らしたように感じたからだ。

山口はこのまま終わってしまうのか——。一抹の不安を覚え、思いを巡らせると、選手生命を脅かした負傷に行き着く。

2020年、J1鹿島から期限付き移籍したJ2水戸で15ゴールを挙げて才能を開花させた。念願の海外移籍への道が開けるかと思われたが、そのシーズン終盤に左膝前十字靭帯《じんたい》損傷などの大けがを負った。翌21年に松本山雅に完全移籍したが、22年には期限付き移籍先の町田で右膝前十字靭帯を断裂した。

昨季途中に松本山雅に戻り、終盤戦は攻撃を引っ張った。ただ「パス、シュート、ドリブル……。精度を含めて、全てでけがの影響を感じる。やっぱり、2度も（けがを）しているのでハンディはある」と絶頂期の感覚が戻らない。

完全復活が期待された今季は第7節の岐阜戦、続く金沢戦でゴールをマーク。しかし、その後は出番が減少し、途中出場した第17節の沼津戦を最後にゴールネットを揺らせていない。さらに、J1のG大阪から育成型期限付き移籍で途中加入した21歳のアタッカー中村仁郎ら新戦力にも押され、直近3試合はベンチ外の苦境に直面している。

9月10日、山口に胸の内を聞いてみた。現在の心境、松本山雅への思い、終盤戦への決意……。

「けがについては『人生、そんなにうまくいかないな』と思っただけ。俺は人生は『運とタイミング』だと思っている。そのきっかけをつかんだ選手が、上（のカテゴリー）に突き抜ける。俺にはその運がなかった。でも、けがも食生活を含めて自己管理に隙があったと思う。運も実力のうち」。

意外にも吹っ切れたような表情。その理由は真摯《しんし》に現実を受け止めた証しだった。

「もう開き直ったというか。左膝をけがしてからは、毎日膝に水がたまったし、1、2年間は全くパフォーマンスが上がらなかった。サッカーができるような脚の状態ではなかった。いまもキックやシュートは（感覚が）全然、違う。それが自分の一番の武器だったから本当に苦しい。でも、それをずっと嘆いていても仕方がない。逆に『いまの自分にできることは何か』を考えて練習している」と語る。

そして、言葉に熱が帯びたのは松本山雅への思いだった。

「（松本山雅は）けがをしていた時に自分を獲得してくれた。だから、このクラブと一緒にJ2で戦いたい。松本山雅は良いチーム。これだけ多くのサポーターが毎試合駆けつけてくれるし、良い意味で選手を大切にしてくれる。スタッフも関係者もみんながクラブのことを考えている。だからこそ、選手たちはその思いに応えなければいけない。シーズン最後に昇格して、みんなで笑い合って上に行きたい。少しでも、俺はそれに貢献したい」

冒頭の山口の言葉は弱音ではなかった。かつてのような強烈なシュートや突破力は取り戻せないかもしれない。それでも、泥くさい守備を徹底したり、球際で競り勝ってゴールを奪ったり。現実を受け止めて、新たな自分を模索している決意だった。

残り11試合でJ2自動昇格圏内2位とは勝ち点差14。昇格プレーオフ圏内の6位とも勝ち点差3と厳しい状況ではあるが、28歳の目に強い意志が宿る。

「試合に出たい。結果を出すための準備はしているし、自信はある。だから、気持ちは落ちていない。俺に求められていることはゴール。そして、チームに勢いをつけること。それだけっす」。

『山口一真』はまだ終わっていない。

（デジタル版9月14日掲載）

練習で走り込む山口（右）と高井＝9月18日、松本市

仲間やサポーターの思いを力に

けが乗り越えて復活期すストライカー

低迷するチームの救世主となれるか——。残り15試合でJ2自動昇格圏2位に勝ち点10の大差をつけられている松本山雅。2月に左膝のけがで全治約8カ月と診断されたFW高井和馬が、徐々にボールを使ったメニューを再開している。8月5日に30歳を迎えるストライカーは「僕一人で何とかなるわけではないけれど『自分が昇格させる』くらいのつもりで準備したい」と勝負の終盤戦で復活を期している。

経験豊富な点取り屋として今季加入した。日体大を卒業した2017年にJ2群馬に入団し、1年目にいきなり10ゴールをマーク。18年途中にJ2山口に移籍すると当時チームを率いていた霜田監督の薫陶を受け、20年には11得点を挙げる活躍を見せた。

横浜FCから移籍した今季は「優勝してシモさん（霜田監督）を男にしたい」と宣言。1月下旬の1次キャンプで得点力の高さを見せつけていたが、悪夢が待っていた。2月の2次キャンプ序盤の練習で左膝の前十字靭帯《じんたい》と外側半月板を損傷。期待の新戦力の離脱に意気消沈する首脳陣とは裏腹に、高井自身は「ショックはあったけれど、その日の夜には『もう割り切ってリハビリに励むしかない』と意外とポジティブだった」と振り返る。

長期離脱の大けがを負う経験は競技人生で初めて。手術を経て、慣れない松葉づえを使った生活に戸惑ったものの「最初の2カ月間は（回復が）すごく早くて『もうすぐできるじゃん』と思った」。ただ、本当の苦しみはここからだった。

少しずつ左脚が動くようになるとピッチを走りたい衝動に駆られた。「グラウンドにボールが転がっていると蹴りたくなる。初めての大けがなのでどこまで動いていいか分からない。でも、病院の先生は慎重で3カ月たたないと走ってはいけない、と。すごく時間が長く感じた」

その間、チームはなかなか白星を積み上げられず、じりじりと上位との差が開いていく。サンプロアルウィンのスタンドからチームの苦戦を見つめ、「俺がいたら……」。悔しさともどかしさに心は波立った。

「自分一人だったら難しかったし、どうなっていたか分からない」。苦しい日々の支えになったのは仲間や家族だった。同じように膝の大けがから復活した山口一真ら同僚からは「必ず治るし、絶対に戻って来られる。待っている」と熱い言葉で背中を押された。妻や子どもとの何げない〝日常生活〟もマイナス思考を打ち消してくれたという。

少しずつアルウィンで試合を見る心境にも変化が生まれた。「自分はプレーできないのが分かっているから、仲間に『勝ってくれ』と託すしかない。サポーターの気持ちがすごく分かるようになった。だから、試合はみんなに任せて『いま自分ができることをやろう』と。復帰が近づいてきたいまは『自分なら、こうできたかな』とイメージしながら見ている」

霜田監督には「残り10試合ぐらいで戻ってくればいいから」と言われた。大逆転を狙う終盤戦の〝切り札〟としての期待を、意気に感じる選手もいるだろう。ただ、大けがから復帰していきなり大活躍できるほどプロの世界は甘くない。「期待には応えたいけれど、『あまり期待しすぎないで』と書いてください（笑）」。高井の冗談交じりの言葉には、本音ものぞく。

プロ8年目を迎えた背番号9は、ぽつりと言った。「（長いリハビリ生活で）サッカーをしない状況が、当たり前になっている。いまは頑張ってそれを変えたい。サッカー選手っぽくなりたいです」。完全復活はまだ先かもしれない。それでも、プロ初の大けがから復活する過程で仲間や家族、サポーターの思いに触れた経験は大きな財産だろう。復帰戦でゴールを取れれば最高だが、それ以上に支えてくれた人たちの思いに応えるプレーで味方を鼓舞できるか。その「情熱」をチームに伝えることが、救世主に求められていることかもしれない。

（デジタル版8月4日掲載）

後半終了間際、宮部（右から２人目）が放った決定的なシュートは大宮・村上（左）に阻まれる

第27節　9/7　Home

0 - 1

松本山雅　　大　宮

首位に肉薄するも…一瞬の隙突かれる

故障から復帰して４試合ぶりに先発した山本康が米原とダブルボランチを組む4-5-1で臨んだ。前半、ボールの主導権は握るものの大宮の５バックの堅守に苦戦し、スコアレスで折り返した。後半立ち上がりのチャンスは浅川が逸機。22分に自陣左からのクロスのこぼれ球を押し込まれて先制され、そのまま逃げ切られた。↖

後半、GKのこぼれ球に反応するも逸機する浅川（右から２人目）

後半、こぼれ球に迫るも相手に阻まれる佐相（中央）

第27節 9/7 Home
0 - 1
松本山雅 大宮

後半22分、大宮・サンデー(9)のシュートを防ぐも体勢を崩すGK大内(中央)。直後に石川(6)に先制を許す

時計は追加タイムの目安となる4分を過ぎようとしていた。1点を追う宮部は左から上がってきたクロスに合わせて渾身《こんしん》のシュートを蹴り込んだ。ゴール左隅に吸い込まれるかと思われた瞬間、大宮の村上が体を投げ出してはじき出す。そして、試合終了の笛が鳴り響いた。

首位を独走する大宮に肉薄する好ゲームだった。山本龍が「強度の部分では負けていなかった」と話したように、闘志は伝わってきた。だが、彼我の差は紙一重だったのか。

松本山雅にも決定機はあった。5バックで自陣を固める大宮に対しボールの主導権を握り、鋭い縦パスからワンタッチで崩したり、あと一歩というクロスを上げたり……。

だが、大宮は体を張った守備で阻止。対する松本山雅は一瞬の隙を突かれ、沈んだ。後半22分に自陣左サイドで相手の意表を突くパスに、中村が「リスク管理が甘かった」と守備対応が遅れ、クロスを上げられてゴールをこじ開けられた。

大宮の長沢監督は言う。「われわれの土俵はインテンシティー(強度の高さ)。当たり前のことを徹底しているか、常に問いかけている。それは監督の僕がやらせているというよりも、練習から選手同士がしのぎを削っている」

その象徴がラストワンプレーであり、首位に君臨する理由だ。残り11試合でJ2自動昇格圏の2位とは勝ち点差14と絶望的な状況に追い込まれた霜田監督が「小さな差が大きな差になった」と絞り出せば、GK大内は「大宮はシーズンを通して徹底しているから結果を出している」。勝者と敗者の間には、スコア以上に大きな差があった。

小さな差が大きな差に

霜田監督　ボックス(ペナルティーエリア)の中でのクオリティー、執念はさすが大宮だった。僕らはできることをやったが力が足りなかった。最後の宮部のシュートを(大宮は)クリアしたけれど、僕らはかき出せずに失点した。そこが全て。小さな差が大きな差になった。

1万人を超える観客を前に試合に負け、険しい表情の選手たち

米原初ゴール
歓喜直後に同点許す

第28節　9/14　Away

1 - 1

今　治　　松本山雅

2試合続けて同じ先発メンバーで4-5-1の布陣。前半13分、クリアボールを拾った米原が中央からミドルシュートを決めて先制した。しかし、6分後に自陣左からのクロスをウェズレイタンキに頭で流し込まれて追いつかれた。後半は4-3-3に変更したが、好機は少なく、今治の攻撃に耐える時間が長かった。

1回のピンチで失点した

霜田監督　欲しいのは勝ち点3なので、勝ち点1では満足できない。相手の攻撃に対応できたが、あの1回のピンチで失点してしまった。良いゲームができただけでは駄目。一瞬の隙もできないように、両方（攻守両面）を追求していきたい。

渾身《こんしん》の力を込めて振り抜いた左足がゲームを動かした。前半13分、中央でクリアボールを拾った米原がゴール右にミドルシュートを決めてプロ初得点。26歳は「みんなに『そろそろ取れ』と言われていたので良かった」と喜びを爆発させたが、メモリアルゴールは勝利に結実しなかった。

わずか6分後だった。相手CKからの2次攻撃で自陣左からクロスを上げられると、警戒していたウェズレイタンキに頭で同点ゴールを決められ、あっさりと試合を振り出しに戻された。

ならば「2点目を」とエンジンが再点火すればいいが、直近11試合無敗（9勝2分け）の今治はそう何度も決定機を与えてくれない。後半の立ち上がりに村越のシュートがポストをたたいたが、あとは決定機と呼べるほどのチャンスはなし。逆に走力の落ちない相手の圧力を受け、パスミスから押し込まれ、守勢に回る苦しい展開。引き分けには持ち込んだが、山本龍は「攻撃も守備もはまらなかった」と唇をかんだ。

「（失点のピンチは）あの1回だけ。2点目を奪えるチャンスもあった。そこ（1点を巡る攻防）が逆転昇格に必要な部分。次から勝ち点3を取れるようにしたい」と霜田監督。しかし、悠長に“次”と言える状況ではない。自動昇格圏内の今治との勝ち点差は14のままで残り10試合。まずは昇格プレーオフ（3～6位）圏内に浮上する必要がある。既にカウントダウンは始まっている。

前半13分、先制ゴールを決めて喜ぶ米原（左から2人目）＝愛媛新聞社提供

「背後突く」積極性
4発で待望の白星

3試合連続で同じ先発メンバー。4-5-1で臨んだ。前半11分、左からの折り返しを中村が左足で決めて先制。27分には米原のスルーパスに抜け出した浅川が2点目を奪った。37分に1点を返されたが、後半の6分にGK大内からロングパスを受けた安藤が3点目を挙げると、6分後に左クロスを再び安藤が頭で決めて突き放した。

後半12分、安藤（中央）が4点目のヘディングシュートを決める＝四国新聞社提供

第29節 9/22 Away

1 - 4

讃　岐 | 松本山雅

前半11分、先制ゴールを挙げて喜ぶ中村（中央）＝四国新聞社提供

J2昇格を争うライバルたちが前日の試合で勝ち点を伸ばし、クラブタイ記録の5連勝中の讃岐を筆頭に下位も突き上げる。敗れれば昇格プレーオフ圏内（6位以内）も黄色信号がともる崖っぷちだったが、鮮やかに4発をたたき込んで踏みとどまった。

首位の大宮、2位の今治から勝ち点3を奪えなかった直近2戦は、いずれも守備的な3バックで堅く守る相手を崩しきれなかった。反省を踏まえて霜田監督が掲げたテーマは「ボールを動かすことが目的ではなく、ゴールを奪うために背後を突く」。その積極性を体現し、勢いに乗る讃岐の3バックを打ち砕いた。

前半11分の先制点は、最終ラインの裏に抜け出した菊井の折り返しの左クロスから生まれた。菊井の動きでラインが下がり、中央に走り込んだ中村は「スペースが空くのは分かっていた」。8月にG大阪から育成型期限付き移籍で加入後、初となるゴールを突き刺して「自分のゴールで流れをつくれた」と喜んだ。

2－0から1点を返されて漂った嫌な雰囲気を振り払ったのが、前半32分からピッチに立った安藤だ。後半6分にGK大内のロングパスに反応し「背後のスペースを狙っていた中で、良いボールがきた」。絶妙なトラップから反転してシュートを放ち、勝負の行方を決定づけるゴールを奪った。

中村の加入によって先発を外れ、4試合連続で途中出場。その中で2得点と気を吐いた安藤は「何が何でも結果を出す決意だった。それが良かったと思う」と力を込める。故障で長期離脱していた馬渡も前節に実戦復帰。新戦力も結果を残し、ここにきて選手同士が生き残りを懸けて野心を燃やす環境が整いつつある。厳しい状況は続くが、J3全体を見渡してもラストスパートをかけるだけの戦力はそろう。生かすも殺すも自分たち次第だ。

アクシデントを感じさせず

霜田監督　（雷雨で）開始時間が遅れるアクシデントがあったが、それを感じさせないプレーをしてくれた。守備では相手のシュートに体を投げ出して防ぎ、攻撃では相手のペナルティーエリア内に人もボールも積極的に入って背後を突けた。

後半、ゴールを狙う常田(左)

第30節　9/29　Home

1 - 1

松本山雅　奈 良

もう1点が遠い…厚かった5バックの壁

シュート数は16-3。ホームの松本山雅は、勝てば昇格プレーオフ(3～6位)圏内も見えた一戦で圧倒的に攻め立てた。ただ、降格争いを繰り広げる奈良も必死。もう1点が遠かった。

奈良は5-4-1の布陣を敷き、守りに人数を割いた。前節2得点した安藤は「今週も背後への抜け出しを」。前半14分、その安藤の飛び出しから右CKを獲得。ショートコーナーでためをつくると、山本龍の左足クロスがそのままゴールネットを揺らした。

幸先良く先制したが、4分後にサイド攻撃から奈良の生駒にボレーシュートをたたき込まれた。

「もう1点取れば確実に勝てる」(安藤)。どうしても勝ち点3が欲しい松本山雅は再びアクセルを踏み込んだ。安藤や菊井が何度もDFラインの裏に走り込み、両サイドの頻繁なポジションチェンジで奈良を揺さぶった。しかし、40分に村越、前半終了間際には佐相や山本康がペナルティーエリア内で決定機を逃した。

後半も変わらず主導権は握ったが、足元でパスを受けてしまい、前半ほど好機はつくれなかった。

前節の讃岐戦で負傷した浅川の欠場も響いた。霜田監督は「サッカーではシュートが入らないことはよくある。それならチャンスを増やすしかない」と手数を求める。

次節は今季最後の「信州ダービー」。主将の菊井は「相手も死ぬ気でくる。山雅を応援してくれるすべての方と長野に乗り込む気持ちで向かう」と必勝を誓った。

前節負傷した浅川が欠場。16試合ぶりに先発した佐相を2列目右で起用するなど、先発3人を入れ替えた。前節2得点の安藤と菊井が2トップの4-4-2で臨んだ。前半14分、右CKの流れから山本龍が蹴ったクロス気味のボールが直接ゴールイン。しかし、4分後に右サイドを崩され、クロスのはね返りを生駒に決められた。後半も主導権を握ったが、守りに人数を割いた奈良から追加点を奪えなかった。

選手への落とし込み足りず

霜田監督　気持ちのこもった試合で勝ち点3が欲しかっただけに、本当に悔しいし、自分に腹が立つ。選手への落とし込みが足りなかった。(奈良が)5-4のブロックを敷いてくるのは分かっていた。どこにボールを出せば崩せるのか、その引き出しを増やしてあげられていない。信州ダービーで勝ち点3を取るために、AC長野の対策をしていく。

My Soul 大内一生

イタリアと日本で育んだ心

おおうち・いっせい　父がイタリア人、母は日本人。横浜FCの育成組織出身で、2019年にトップチームに昇格。いずれも期限付き移籍で20年にYS横浜、22年にAC長野パルセイロ、23年に鹿児島でプレー。今季、横浜FCから松本山雅に完全移籍した。GK。24歳。

J2昇格に向けて厳しい状況が続いていますが自信は失っていません。僕らを信じてくれるサポーターがいる。何より、自分たちが「絶対に勝てる」と信じなければ前には進めない。イタリアで生まれ、日本で育った僕も己と向き合いながらゴールを守ってきました。

9歳までミラノで過ごしました。テレビをつければサッカーが映し出され、学校の休み時間にはボールを蹴り合う。老若男女問わず話題に挙がるサッカー文化が根付いた街で育ちました。

小学3年の夏に一家で日本に引っ越しました。〝衝撃〟を受けたのは規則の多さ。学校は間食もゲームも禁止で、全校集会で列が少しでも乱れていれば注意される。最初は「ルールが多いな」「みんなに合わせないといけない」と戸惑いましたが、今はそういう部分が日本のサッカーの武器でもある規律や協調性、忍耐力につながっているのかなと感じています。

横浜FCのジュニアユースでプレーした中学時代、レベルの高さについていけずに挫折しかけました。それでも、父が「苦しい時に自分に勝つことが大切」と支えてくれました。U―16（16歳以下）日本代表として戦ったアジア選手権では自分一人だけ出番なし。GKなのに、練習ではけが人の代役としてディフェンスで起用される悔しい思いもしましたが「チームのため。この経験がプラスになる」と前を向きました。

年代別代表ではイングランドやフランスとも対戦しました。日本の方が組織力が高いのにフォーデン（マンチェスター・シティー）らの「個の力」に圧倒されました。正直、震えました。彼らは幼い頃から「自分で局面を打開する」という意識を育んでいる。イタリアと日本の違いを経験したからこそ、そう実感しました。

両国のアイデンティティーを持つからこそ、困難も乗り越えられました。横浜FCのトップチームに昇格しましたが、高卒新人が即戦力になれるほど甘くはありません。「まずはプロのレベルに慣れる」と、期限付き移籍したYS横浜とAC長野で多くの試合を経験して力を蓄えました。

しかし、鹿児島でプレーした昨年、大きな試練に直面しました。開幕6試合に先発しましたが、その後は外れました。指導陣に聞いても理由が分かりません。乗り越える糸口さえつかめない。怒りと失望の間をさまよいました。

耐えるだけでは難しい日々を経て、考え方を変えました。「力が足りない」と謙虚な心は持ちつつ、全てを弱気に受け止めていたらそれが限界になってしまいます。他人の評価は、自分の期待通りにはなりません。「評価が間違っていたと思わせる実力をつける」「試合に使わざるを得ないほどの選手になる」。自信を失わずに練習に打ち込み続けたことで技術もメンタルも大きく成長できました。

好きな言葉は「努力は一瞬、後悔は一生」。人生を考えればプロ生活は短いですが、年齢を重ねても自分の人生の中心は絶対にサッカーです。そこで努力できなければ、一生後悔する。どんな状況でも自信を持って努力したいと思います。

（9月21日本紙掲載）

第31節　10/5　Away

1 - 1

長　野　　松本山雅

信州ダービー秋の陣 細部に甘さ…決勝点遠く

前半、相手の攻撃を防ぐGK大内(1)

前節から先発2人を入れ替えた。スタメンは18試合ぶりの馬渡を右サイドバックで起用。2試合ぶりに先発復帰した米原を中盤の底に置いた4-3-3。AC長野が前半18分に杉井のシュートのはね返りを近藤が左足で決めて先制。1分後、安藤の左クロスがオウンゴールを誘い、追いついた。後半は攻勢を強めたものの、AC長野は22分に浮田と加藤を投入して反撃開始。26分に浮田が放ったシュートはゴールポストに阻まれた。松本山雅も交代出場の浅川のヘディングシュートでゴールに迫ったが勝ち越せなかった。

やりたいサッカーはできているが

霜田監督　やりたいサッカーはできているが、相手に1点取られて、自分たちが2点目を取れないゲームがずっと続いている。(要因は)ずっと同じ言い訳になってしまうので、本当に僕が何とかしなければいけないと思っている。主将不在でも代わって出た選手たちが頑張ってくれた。技術的なことや戦術的なところは反省して、次の試合に絶対につなげたい。

試合終了の笛が鳴ってもスタジアムは熱気に包まれていた。その中で、選手たちはぼうぜんとピッチに立ち尽くしていた。J2昇格に向けて是が非でも勝利をつかもうとする気概は見せたが、痛恨のドロー。霜田監督は「サポーターに勝ち点3を届けられなかったことだけが悔しい。ほんの少しのところが足りなかった」と言葉を絞り出した。

指揮官の「悲観的な内容ではない」という言葉通り、見せ場は多かった。荒れたピッチ状態を考慮してロングボールを選択する慎重な立ち上がりだったが、「今まで積み重ねてきたことをやろう」(米原)。先制点を献上した1分後に追いつくと怒濤《どとう》の攻撃が始まった。

磨いてきたパスワークでAC長野のプレスをかわして一気に前進。特に後半は両サイドからのクロスを中心に波状攻撃を仕掛けて完全に主導権を握った。だが、前節と同様に“あと1点”が遠い。

速い左クロスで1点目のオウンゴールを誘発させた安藤は「相手GKと守備陣の間にもっとクロスを入れなければいけない。そうすれば、ああいう得点が生まれる可能性も出てくる」。対照的に山本康は「少しクロス一辺倒になっていた。うちには身長の高いFWがいないので、もう一工夫が必要」と語る。

霜田監督は「勝ち筋は見えている。本当に細かい部分を突き詰めれば必ず勝ち点3は取れる」と前を向く。だが、残り7試合で細部へのこだわりを持つチームに生まれ変われるのか。

両チームがプレーオフで対戦する可能性は残されているが、Jリーグに舞台を移して3年目を迎えた「信州ダービー」で松本山雅は初めて勝利なしでシーズンを終えた。誇りを取り戻すためには死力を尽くしてJ2昇格をつかみ取る道しか残されていない。

前半19分、相手のオウンゴールで同点に追いつく

後半、村越(中央)がゴール前のクロスに飛び込むが決められず

前半18分、先制ゴールを許し声を掛け合う

緑の熱気――
3季目の信州ダービー

絶対に負けられない闘い――。同じJ3に属するAC長野パルセイロとの対戦「信州ダービー」が、県選手権決勝を含め今季も3試合、展開された。リーグ公式戦の2試合はいずれも1万人を超えるサポーターが熱のこもった声援で選手を鼓舞した。

長野Uスタジアムで10月5日に行われたシーズン終盤の今季3戦目。松本山雅は昇格、AC長野は残留を懸けてともに落とせない一戦だった。前半18分にAC長野が先制すると、すぐさま同19分に松本山雅がオウンゴールで同点に追い付いた。しかし、その後は好機をつくるも加点できず、6月のホーム対戦に続いて1-1の引き分け。今季ダービーは2分け1敗。県選手権の1敗もPK戦での負けで、勝ちきれなさに歯がゆさが残った。

第19節、試合開始前にビッグフラッグを広げ選手を鼓舞する松本山雅サポーター＝6月29日、サンプロアルウィン

ダービーを盛り上げようと、2007年の北信越リーグ時代から今年5月の県選手権決勝までのAC長野との試合写真などを展示する特別企画も＝6月、松本市立博物館

第31節、勝利を信じて声援を送り続ける松本山雅サポーター＝10月5日、長野Uスタジアム

信州ダービー 「J3」過去３年の戦績

大会			松本山雅 AC長野	会場	入場者数
2022	5/8	県選手権	1 － 0	サンアル	8072人
	5/15	J3第9節	0 － 0	長野U	13244人
	10/30	J3第31節	2 － 1	サンアル	15912人
2023	5/7	県選手権	1 － 1 (PK4－5)	サンアル	3162人
	5/13	J3第10節	1 － 2	長野U	12458人
	10/15	J3第31節	1 － 0	サンアル	12457人
2024	5/12	県選手権	1 － 1 (PK3－4)	サンアル	5022人
	6/29	J3第19節	1 － 1	サンアル	14411人
	10/5	J3第31節	1 － 1	長野U	11965人

※サンアル＝サンプロアルウィン、長野U＝長野Uスタジアム

後半24分、先制ゴールを決める常田(右から2人目)

相手のプレスに苦戦 3戦連続のドロー

前節「信州ダービー」から先発4人を変更。17試合ぶりにスタメンの藤谷が右サイドバックに入り、浅川と安藤が2トップの4-4-2で臨んだ。前半、安藤のポストプレーを起点に前進してゴールに迫ったものの無得点。後半24分に藤谷の右クロスに飛び込んだ常田が頭で決めて先制したが、33分にFKから金沢のマリソンに頭で同点弾を決められた。その後は途中出場の高井を中心にチャンスをつくったが、勝ち越せなかった。3試合連続 1-1の引き分け。首位の大宮は2位以内を確定させた。

スコアが動いたのは後半24分だった。右からのロングスローと見せかけた村越が近くにボールを投げ入れると、フリーの藤谷からクロスが放たれた。逆サイドの常田は「しっかりフリーになれた」とどんぴしゃのヘッドで先制弾。直後には左膝の大けがを乗り越えた高井が投入され、復帰戦を勝利で飾る最高の舞台が整った。

ところが、淡い期待はすぐに打ち砕かれた。J2昇格に向けて負けられない金沢も即座に183センチの屈強なマリソンを前線に投入し、長いボールを増やす力業の攻めに切り替えた。

33分に常田がマリソンとの競り合いでファウルを取られて中央からのFKを与えると、そのキックからマリソンに頭で決められて同点。勝ち越し点を奪えないまま3試合連続の1-1に終わった。

試合後に監督や選手たちの多くが課題として挙げたのは、苦戦した自陣からの前進だった。金沢の出足鋭いプレスに後手に回り。パスミスが続出。徐々にロングボールが増えて大味な展開に陥った。山本康は「こちらは(前線に)上背のある選手がいないけれど、金沢のセンターバックは全員が180センチ超え。(パスミスを恐れず)リスクを取っていかないと点は入らない」と指摘。最終ラインでパスの起点となる常田は「前と後ろの選手が合わず、ショートカウンターを受けてしまった」と振り返る。

昇格プレーオフ(3～6位)圏外のままで、残りは6試合。霜田監督は「(守備の)バランスを取りながら、どう2点目を取るか」とジレンマを抱えるが、戦い方の意思統一や引き出しを増やそうと模索する時期はとうに過ぎている。

後半、果敢にゴールを狙う高井(右)

気持ちを込めて戦えたが

霜田監督　試合内容や準備を含め、気持ちを込めて戦えたが「2点目が取れない」「無失点で終えられない」という現象が3試合続いている。簡単に負けないチームになってきたことはポジティブな要素だが、「2点目をどう取るか」、あるいは「失点ゼロで抑えるか」、両方しっかりできるような経験をしていかなければいけない。それは間違いなく僕の責任だと思う。

第33節　10/20　Home

3 - 4

松本山雅　鳥　取

もろさ露呈する自滅
消えた自動昇格

高橋が25試合ぶりに先発して右センターバックに入る4-4-2で臨んだ。前半29分にショートカウンターから村越が左足でゴール右に蹴り込んで先制したが、37分に同点とされた。左脚のけがで離脱していた菊井を後半20分に投入したものの、プレスをかわされて27分と29分に連続失点。35分に高井がPKを決めたが、37分にミスから4点目を奪われた。42分に野々村のヘディングシュートで再び1点差としたが、届かなかった。3位以下が確定し、J2自動昇格（2位以内）の可能性が消えた。

辛抱強く反転攻勢を信じていたサポーターから容赦ないブーイングが浴びせられた。3試合連続ドローでJ2昇格プレーオフ進出（3～6位）に暗雲が垂れ込めていた松本山雅が、ついに歩みを止めた。

霜田監督が「あまりにも安い失点だった」と声を落としたように、個でも組織でも、もろさを露呈する自滅だった。

まずは1点リードの前半37分だ。自陣左サイドに展開されたボールに山本龍が対応しようとしたものの頭で後ろにそらされ、カバーに入った常田も「自分のミスだった」。簡単に相手に体を入れ替えられ、背後を突破されて同点弾を許した。

1−1で迎えた後半は脆弱《ぜいじゃく》な連係があらわに。鳥取が最終ラインで回したボールを奪いに出ると、間延びした隙を突かれて一気に縦に前進され、27分、29分と連続失点。村越は「相手のパスも鋭かったけれど、もう少しコースを限定しなければいけなかった」。37分には自陣でのパスを途中出場の安永があっさりと奪われて4点目を失った。

ゲームメークに優れ、4月以来の先発を果たした32歳の高橋は「試合に出るなら100％の力を出さなければいけないけれど、それができていない選手がいる」と指摘した。左脚の負傷を抱えながら後半途中からピッチに立った菊井の見解は微妙に異なる。「ミスをした選手が、ミスと思っていない場面が何回かあった。主将の自分がチームの“ミスの質”を上げられていない。練習中から指摘しなければいけなかった」と責任を背負い込んだ。

開幕から8カ月。自分たちにとって心地よいサッカーではなく、厳しい戦いに勝つためのスタイルを積み上げてきたのか。後悔を取り戻せるチャンスは5試合しか残っていない。

失点があまりにも安かった

霜田監督　選手にも伝えたが、サッカーはミスのスポーツだけれど、守備でこれだけのミスをして失点を重ねると難しい。攻撃では準備してきたプレーが多少は出せたが、失点があまりにも安かった。ただ、いろいろなミスが起きるのは監督の責任。（J2自動昇格の可能性は消えたが）残り5試合で勝ち点15を取れるようにするだけ。

サポーターからブーイングを浴びながら厳しい表情で引き上げる

後半37分、1点を返した直後に4失点目を喫し、いら立ちを見せる

第34節　10/26　Away

0 - 2

YS横浜　松本山雅

5試合ぶりの白星。前節から先発5人を入れ替えた。スタメンは9試合ぶりの宮部を3バックの左で起用。4試合ぶりの菊井が3トップ左に入る3-4-3で臨んだ。前半11分、安藤が倒されて得たPKを菊井が決めて先制。退場で10人となったYS横浜に対して攻勢を強めたが、なかなか追加点を奪えなかった。後半はYS横浜にボールをつながれて決定機を与えたもののGK大内が好セーブで阻止。32分に右クロスを菊井が頭で詰めて2点目を奪った。

守備重視への転換　数的優位の葛藤

後半32分、2点目のゴールを決める菊井（右下）

後半32分、2点目のゴールを決め喜ぶ菊井（右）

前半開始早々、ゴール前に攻め上がる安藤。相手の反則を受けPKを獲得する

前半、懸命にゴールを守るGK大内ら

第34節　10/26　Away

0 - 2

YS横浜　松本山雅

霜田監督が大きな決断を下した。前節に4失点で敗れる屈辱を味わい「もう（守りで）水漏れを起こさせない」。開幕から貫いてきた攻撃的な4バックではなく、今季初めて守備的な3バックの布陣を採用した。

ところが、ゲームは予想外の展開を見せる。開始早々に安藤がペナルティーエリア内で倒され、YS横浜の大嶋が退場。菊井が冷静にPKを決め、数的優位にもなったが、理想と現実のはざまで葛藤《かっとう》する時間が訪れる。

守りを固めるYS横浜に対し、松本山雅はピッチを広く使ってボールを動かす。ただ、スタンドからは「もっと攻めていけ」の声。山本康は「相手が前に出てこないのであればボールを回していればいいだけ。前に出てきたら、その隙を刺せばいい。でも、スタンドの声でみんな『攻めにいかなければ……』となったかも」。攻め急いでミスが目立ち、急造の5バックも連係がかみ合わない。勝負を諦めない相手の気迫にも押され、後半は何度も決定機をつくられた。

指揮官もジレンマと戦っていた。「2点目を取りにいくならば、後ろの人数を削って4バックにする選択肢もあった。ただ、とにかく無失点で勝ちたかった」。守備重視の布陣を貫いて何とか耐えると、菊井が「我慢すれば必ず2点目が取れると思っていた」と、後半32分に勝利を決定づけるゴールを決めた。

霜田監督は「自分の理想のサッカーが昇格に適していると思って取り組んできた。ただ、この世界は結果が必要。そのためには、自分が変わらなければいけない。賭けに出るタイミングだと思った」と力説。ただ、内容的には変更した守備の完成度を含めて課題が山積みだ。残り4試合。限られた時間で、賭けを“正解”にできるかどうかは自分たち次第だ。

難しいゲームだった

霜田監督　難しいゲームだった。意図した形（崩しからPKを獲得）で先制点を取れたが、退場者が出た相手に対して、もっとボールを動かして疲れさせなければいけなかった。セーフティーなプレーが目立ち、システムを3バック（5バック）に変更した影響が出ていた。そういう中で選手たちが2点目を取ってくれた。次につながる勝利をつかめた。

My Soul

村越凱光

仲間と勝利のために「尖る」

むらこし・かいが 神奈川県出身。福岡・飯塚高を卒業後の2020年に松本山雅に入団した。22年途中にJFLのラインメール青森に育成型期限付き移籍。昨季、松本山雅に復帰してJ3リーグ戦で31試合に出場してキャリアハイの6得点をマークした。MF。23歳。

松本山雅でプロのキャリアをスタートして5年目になりました。「まだ若いし、伸びしろがある」と言われますが、自分としては「もう23歳」という感覚です。思い通りの歩みではありませんが、つまずく度にたくさんのことを学びました。

ボールを蹴り始めたのは5歳の時。小学校低学年までは器械体操と両立していましたが、週末に大会が重なることが多く「やっぱり、サッカーが楽しい」と一本に絞りました。中学時代は個人技に特化したクラブでドリブルを磨き、高校は地元の神奈川を離れて「自分が知らない環境で勝負してみたい」と福岡の飯塚高に進みました。

入学当初は上下関係に慣れず、練習や試合で持ち味のドリブルをしないでパスに逃げていました。すると、監督が「どんどん仕掛けろ。自分を出して、もっと尖《とが》れ」。その言葉を胸に、ドリブルとシュートの練習に明け暮れました。全国大会には出場できませんでしたが、磨き続けた武器が松本山雅の目に留まり、プロの切符をつかむことができました。

ただ、入団した2020年は新型コロナ禍のまっただ中。リーグ戦が中断となり、若手だけの練習で筋トレや走り込みに励みましたが、逆に体のバランスを崩し、けがを繰り返すようになりました。2年間はほとんど出番なし。チームも低迷し、「何をしてもうまくいかないな」と下を向いていました。

転機は3年目。シーズン途中に日本フットボールリーグ（JFL）の青森に期限付き移籍しました。刈った芝の片付け、ゴールの設置、用具の運搬……。松本山雅にいた時は会場に着いたらすぐにボールを蹴れましたが、スタッフが少ない青森では全て選手たちの担当でした。「自分は環境に恵まれていた」と実感しました。

「生活費がきつい」とアルバイトをしている選手もいました。技術的なレベルはJクラブの方が上でしたが、全員が「生きるためにも上のカテゴリーにはい上がる」と必死にプレーし、選手同士が厳しく要求し合い、衝突しながら切磋琢磨《せっさたくま》。プロ契約だった自分は「運が良くてプロになれただけだった。もっと一瞬一瞬を大切にしなければいけない」と、練習に取り組む姿勢が変わりました。

しかし、ワンプレーに懸ける方向性を間違えると本当の意味で尖ることはできません。松本山雅に復帰して迎えた昨年7月の愛媛戦で、熱くなりすぎて相手選手を突き飛ばして一発退場になりました。数的不利に陥りながらも、仲間が必死に走って守り、終盤に追いついて引き分けに持ち込んでくれました。自分の軽率な行為でチームにどれだけ迷惑をかけてしまったか。サッカーはチームスポーツであり、一人では何もできないと痛感しました。

それまでは「自分さえ良ければいい」という考えが根底にありました。でも、自分一人が尖っても勝つことはできません。大切なのは仲間を助け、勝つために尖ることです。リーグ戦は残り6試合。チーム、サポーターのために迷いなく突き抜けたいと思います。

（10月17日本紙掲載）

サイド　馬渡和彰

「俺はもう…」よぎった引退

復活へ――突き動かした思い

J2昇格に向けて崖っぷちの松本山雅に頼もしい男が戻ってきた。両膝の故障で戦列を離れていたDF馬渡和彰（33）が第28節（9月14日）の今治戦で途中出場し、約4カ月ぶりに復帰。「故障していた分、チームの力になって自分の価値をピッチで示したい。シーズン前、松本山雅の入団会見で『もう一度、はい上がる』と言ったけれど、そのためにも残り10試合が大事」と強い決意を語る。日

J1浦和から加入した今季序盤は不動のサイドバックとしてチームを引っ張った。「味方を動かし、自分も良い位置を取って攻守にわたって循環する」。右足から放たれる高精度のクロスに加え、確かな戦術眼を駆使して中盤や前線にも顔を出し、ビルドアップ（攻撃の組み立て）の突破口をつくる。第13節の大宮戦（5月6日）でも先発し、12試合無敗だった難敵を2―0で破る会心の勝利に貢献した。

だが、激闘の代償は大きかった。抱えていた両膝の痛みが悪化。「大宮戦の前から（膝に）痛みがあって無理してプレーしていた。その反動が出たと思う」。ただ、その時点では「大したけがではないと思っていた」と、数試合の休養を入れて復帰する算段だった。

ところが、痛みが引かない。もともと両膝は古傷だ。J3鳥取でプロ生活をスタートさせた2014年に右膝半月板を損傷、J2金沢でプレーした16年には左膝蓋《しつがい》骨骨折、J1川崎に移籍した19年は左膝外側半月板を損傷した。長年の活躍と引き換えに酷使してきた両膝は悲鳴を上げていた。

練習する馬渡＝9月18日

チームドクター、トレーナー、理学療法士に支えてもらいながら懸命にリハビリに励むものの痛みは消えない。「普段なら階段は1歩で1段を上がるけれど、1段上がるのに2歩かかった。痛みが片膝ではなく両膝だったので〝逃げ場〟がなかった」。出口のないトンネルをさまよい、精神的にも追い込まれた。「プロのトップレベルの強度で走れるようになるのか。俺はサッカーができるのか。もう引退か……」

それでも離脱から2カ月後、わずかな光が差した。リハビリの方向性を転換し、膝に負担がかかっていた体の動きを一から見直すと少しずつ痛みが引いた。長年、体に染みついた動きを改善するのは簡単ではなかったが地道なトレーニングを重ねた。「いまも全部の痛みが取れたわけではないけれど、この取り組みをすれば（競技人生で）まだ、長生きができるという部分が明確になった。支えてくれた人たちには本当に感謝したい」とピッチに帰還を果たした。

スタミナ面も含めて万全とはいえないが、復帰した今治戦や紅白戦では後方から攻撃を組み立てるだけでなく、積極的に味方に指示を送り、抜群のタイミングで中盤や前線に顔を出すなど健在ぶりをアピール。「（離脱中に）チームの戦いを見ていて『もっと、こうした方が良い』と思う部分があった。それは、すごくチーム内に発信している。自分が嫌われ役になっても構わない。昇格をつかみ取る。それしか考えていない」と言葉に力を込める。

鳥取に拾われてプロ入りの切符をつかみ、必死にピッチを駆け回って小さな希望の光をつかみ続け、J1の舞台まで上り詰めた33歳は言う。「ピッチのどこに立っていても、どうすればチームがうまく回り、味方の個性を引き出せるかを考えている。なおかつ、自分自身も輝ける場所を常に探している。いまは、それが楽しいですね」

J2自動昇格圏内2位とは勝ち点差14、プレーオフ圏内6位とは同差4の11位で残りは10試合。馬渡には見えているのかもしれない。最後まで諦めず、真っ暗闇に差し込むわずかな光をたどった先に何があるかを。

（デジタル版9月22日掲載）

〈後半戦〉激闘のフィールド

FC大阪と対戦した7月14日のホーム戦。勝って上位チームとの勝ち点差を縮めたいチームは前半24分にFW浅川隼人のゴールで幸先よく先制すると、同34分にはMF安永玲央のアシストで再び浅川＝写真右＝が得点。ゴール後、2人は抱き合って喜び合った。

首位大宮とのホーム戦（9月7日）。同じシーズンで2度勝利する「シーズンダブル」を狙う試合に1万人を超える観客が詰めかけた。試合は前半から拮抗。厳しく攻める相手FWの攻撃を野々村鷹人ら守備陣が懸命に防いだ。スコアレスで折り返した後半22分に失点。0–1で敗れた。

《後半戦》激闘のフィールド

佐相 壱明
果敢にゴール狙ったが

奈良とのホーム戦（9月29日）。連勝して勢いに乗りたいチームはFW佐相壱明が16試合ぶりにスタメンで出場し、得点はならなかったが果敢にゴールを狙った。試合は前半14分にDF山本龍平のゴールで先制したものの、4分後に失点し1－1の引き分けに終わった。

高橋 祥平
浮上を目指すが…

ホーム鳥取戦（10月20日）。J2昇格プレーオフ進出ラインの6位浮上へ足掛かりにしたい一戦で、ベテランのDF高橋祥平が25試合ぶりに先発に復帰。しかし、前半に松本山雅が先制したものの後半に守備が乱れて失点が続き3–4で黒星を喫した。

山雅イン 佐相壱明

「お前はランナー」刺さった監督の言葉

そして「仁郎に感謝」と語るのは——

練習する佐相＝9月10日

「俺が求めていた佐相はそれだよ！」。第25節（8月24日）の富山戦を終えた翌日の練習試合。必死にピッチを駆けていたMF佐相壱明（25）は、霜田監督の言葉にはっとした。「そうだ、思い出した。俺はランナーだった」

「ランナー（走る人）」。陸上のマラソンや駅伝の走者、野球で出塁した走者などを表す用語として定着しているが、サッカーにはなじみがない。佐相がその言葉と出合ったのはプロ6年目の昨シーズンだった。

強豪の埼玉・昌平高を卒業後、当時J2だった大宮に入団。2020年に育成型期限付き移籍したJ3のAC長野パルセイロでプレーした。22年から2年間在籍したJ3相模原ではFW、トップ下、ボランチ、サイドバックとほとんどのポジションを経験し、「万能型」と幅広い役割を担った。

ただ、裏を返せば突き抜けた武器がないということ。佐相も「『自分の特長は走力なのかな』とは感じていたけれど、『プロだから走れるだけでは駄目かな』とも。ドリブルもパスも、もっと練習してうまくなりたいと思った。必死でいろいろなことに手を出していた」。競争の激しいプロの世界を生き抜く確固たる武器が定まらないまま、漠然とした不安に駆られていた。

そんな昨シーズンのある日、相模原を指揮していた元日本代表の戸田和幸監督（当時）の言葉が心に刺さった。練習後、チーム内で使用していたアプリを通して佐相に送られてきたメッセージが心に刻まれた。

「おまえはパサーでもドリブラーでもない。ランナーだ」

佐相は振り返る。「パス、ドリブル、シュート、クロス……。選手によっていろいろな特長があるけれど、走力を生かす『ランナー』という特長や役割があってもいいんだと思った。その言葉で吹っ切れた。味方にボールを預けて、自分は走って相手の背後を突く」。プレースタイルが固まった。

それ以降、同じ技術を伸ばす練習でも質が上がった。「自分の中にランナーという軸がある。それにプラスして、『もう少しクロスがうまくなれば』という感じで練習に取り組むと、動きが良くなった」。明確な原点があるからこそ、成長への道筋がはっきりと見えるようになった。

松本山雅に移籍した今季、当初はパスワークで前進するチームスタイルを意識しすぎてプレースタイルを見失ったが、冒頭の霜田監督の言葉で「自分の特長を思い出した」と振り返る。

加えて、8月にJ1のG大阪から育成型期限付き移籍で加入したMF中村仁郎の存在も大きかったという。2列目右から切れのあるドリブルで相手守備を切り崩す21歳のプレーを目の当たりにして、「同じポジションだけれど、仁郎は仕掛けてボールを運び、ためをつくれる選手。自分に求められているプレーは背後に走ったり、飛び出したり、縦への推進力。タイプが明確に違うので、仁郎のおかげで自分が出た時にすべきプレーがはっきりした。仁郎には感謝しています」と笑う。

シーズン中盤以降、なかなか出場機会をつかめずにいたが、直近4試合は先発の中村に代わって後半途中からピッチへ。走力を生かし、試合展開に合わせて攻守で奮闘して存在感を高めている。

J2自動昇格圏内の2位とは勝ち点11差、プレーオフ圏内の6位とは同1差。マラソンでいえば残り10キロを切り、ここから本当の勝負が始まる。「連勝すれば波に乗れる。自分のやるべきことを徹底して勝利に貢献したい」と佐相。泥くさくピッチを走ってチームを鼓舞し、ラストスパートをかける。（デジタル版9月28日掲載）

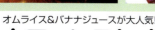

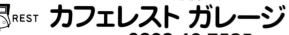

激しい雨の中の試合、後半38分、頭で先制ゴールを決める野々村(44)

雨にも負けず——の勝負強さを発揮した。後半38分、右CKの流れから菊井が放った右クロスに大外から飛び込んだのは野々村。「信じてゴール前に入って、しっかり決めるだけだった」と豪快なヘディングで決勝ゴールを挙げた。

激しい雨でピッチはプレーの度に水しぶきが上がり、ボールが止まる悪条件。長いボールを蹴り合い、こぼれ球に殺到する混沌《こんとん》とした展開で、霜田監督は「技術や戦術ではなく気持ちの部分」と選手たちの闘争心に勝負を託した。

その指揮官の思いを体現した一人が野々村だった。後半8分、宮崎がFKをゴール前に放り込むと、こぼれ球は相手の足元へ。絶体絶命のピンチだったが、ゴール前で倒れていた野々村が「(シュートは)見えていなかったけれど感覚で頭を上げたら当たってくれた」と阻止した。

体を張った守りで耐えると、流通経大の1学年後輩の菊井が「蹴る時に(野々村の)姿は見えていなかったけれど、先輩はあの辺りにいると思った」というピンポイントのクロスにどんぴしゃで合わせた。

入団4年目の野々村は「もう26歳。自分がDFリーダーとして引っ張っていかなければいけない」と奮起。今季は武器の空中戦など泥くさい役回りに徹しながら、味方にも厳しく要求する姿が目を引く。

前節は布陣変更、今節は悪条件もあって磨いてきたパスワークは影を潜めたが、それでも連勝をつかんだ。崖っぷちのチームを18試合ぶりにJ2昇格プレーオフ出場圏内に引き上げたヒーローは「自分だけで守ったわけではないし、自分だけのゴールでもない。チームとして体を張って守れたことが大きかった」。理想ではなく、できることを追求して勝ちにいく強さで残り3試合を駆け抜けられるか。

宮崎に勝って喜びを爆発させる主将の菊井

雨中耐え抜き野々村決勝ヘッド プレーオフ圏に浮上

気持ちで勝とうと話していた

霜田監督　ゲーム前からずっと土砂降りの雨だった。それでも選手には『宮崎に気持ちで負けないように』『技術や戦術ではなく気持ちで勝とう』と話していた。(ピッチに水がたまり)難しいゲームになったが、無失点で勝ち点3をつかんでくれた。こういうゲームはセットプレーの勝負になるのはセオリー。(アシストした)菊井のクロスと野々村の(ヘッドの)精度がかみ合ってくれた。

5位に浮上し、6月の第17節以来のJ2昇格プレーオフ出場圏内入り。2試合ぶりに先発した山本龍を左ウイングバックで起用。2試合連続で3-4-3の布陣を採用した。降雨のためピッチに水がたまり、長いボールを蹴り合う展開。セットプレーなどでゴールを狙ったが、前半は0-0で終えた。同様の展開で進んだ後半、8分と31分のピンチをしのぐと、38分に菊井の右クロスに野々村が頭で合わせて決勝点を奪った。

後半38分、頭で先制ゴールを決め、駆け寄った仲間と喜びを爆発させる野々村(中央)

第35節　11/2　Home

1 - 0

松本山雅　宮崎

6発で今季初3連勝

「一人に頼らないサッカー」

前半4分、先制ゴールを決めて喜ぶ村越(右)と山本康

今季初の3連勝。順位を4位に上げてJ2昇格プレーオフ出場圏内を維持。5試合ぶりに先発した安永が山本康とダブルボランチを組む3-4-3で臨んだ。前半4分、右からの折り返しを村越が決めて先制。20分には右CKのこぼれ球を高橋が詰めて追加点。40分に安永のミドルシュートで3点目を奪い、4分後に菊井がハンドの反則で得たPKを決めた。後半も攻め手を緩めず、4分にこぼれ球を拾った安藤が5点目を決め、29分に浅川が右クロスを頭で合わせて突き放し、岩手の反撃を1点に抑えた。

一戦ずつ足元固める

霜田監督　選手には「前から(プレスに)行け」と伝えていた。相手とシステムが同じだったのでピッチ上で1対1になるシーンが多かったが、粘り強く戦い、しっかり守備にも戻ってくれた。『連勝を伸ばす」という意識ではなく、J2昇格に向かって一戦ずつ足元を固めていくだけ。次はホーム最終戦。琉球戦に向けて全力を尽くすだけ。

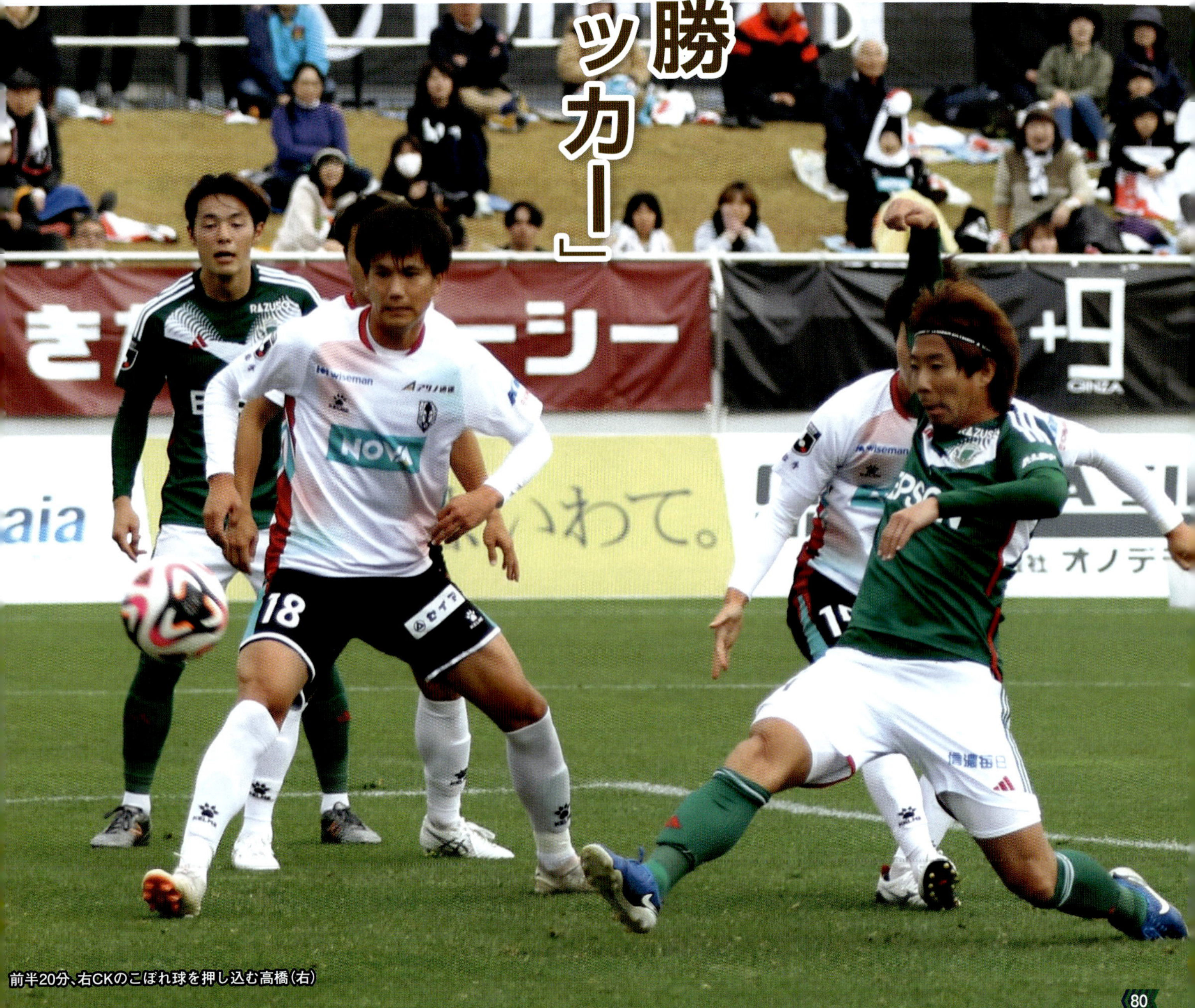

前半20分、右CKのこぼれ球を押し込む高橋(右)

後半4分、右足シュートでゴールを決める安藤(左)

前半40分、今季初ゴールを挙げて喜ぶ安永(右)

後半29分、ヘディングでゴールを決める浅川(中央)

今季最多6ゴールを挙げて快勝し、試合終了後にサポーターの前で喜ぶ

第36節 11/9 Away

1 - 6

岩手　松本山雅

勝負のシーズン終盤戦でようやく殻を破った。圧巻の6発で今季初の3連勝を手にした霜田監督は「誰か一人に頼らないサッカーを目指してきた。いろいろな選手が、いろいろな形で得点できることが強み」。移籍後初ゴール、主力に戻った喜び……。ゴールラッシュの裏にはそれぞれのドラマがあった。

守備重視の3バックに変更して3試合目。序盤は硬さが見られたが「(高橋)祥平さんに『後ろは人数がそろっている。自信を持って重圧をかけに行け』と言われていた」と村越。その23歳が前半4分に奪った先制点が呼び水になった。

20分、菊井が蹴った右CKのこぼれ球に素早く反応した高橋が「目の前にボールが転がってきたので突っ込んだ」と追加点。40分には、高い位置のボール奪取から中央で受けた安永が「前を向いた瞬間。いつもはパスすることが多かったけれど、迷わず振り抜いた」と右足を一閃《いっせん》して突き放した。

安永は昨季途中にJ2水戸から加入。攻撃的なボランチながらゴールが遠く、今季は空回りするシーンも目立った。5試合ぶりに巡ってきた先発のチャンスで移籍後初ゴールを挙げた23歳は「本当に結果が欲しかった。自分がどんな選手か示せたと思う」と自信を取り戻した様子だ。

今季、J1に昇格した町田から加入した高橋はけがなどもあってベンチから外れる時期が長かった。それでも経験豊富な守備の要として直近4試合は先発して復活。得点後はピッチの歓喜の輪から抜け出し、ベンチに駆け寄って控えメンバーと喜びを分かち合った。「(ベンチ外の時に)一緒に練習していたメンバーがいたから。みんな苦しかった。だから『みんなで頑張ろう』という気持ち」。

リーグ戦は残り2試合。一丸となってプレーオフ進出をかなえ、J2昇格の扉をこじ開けられるか。

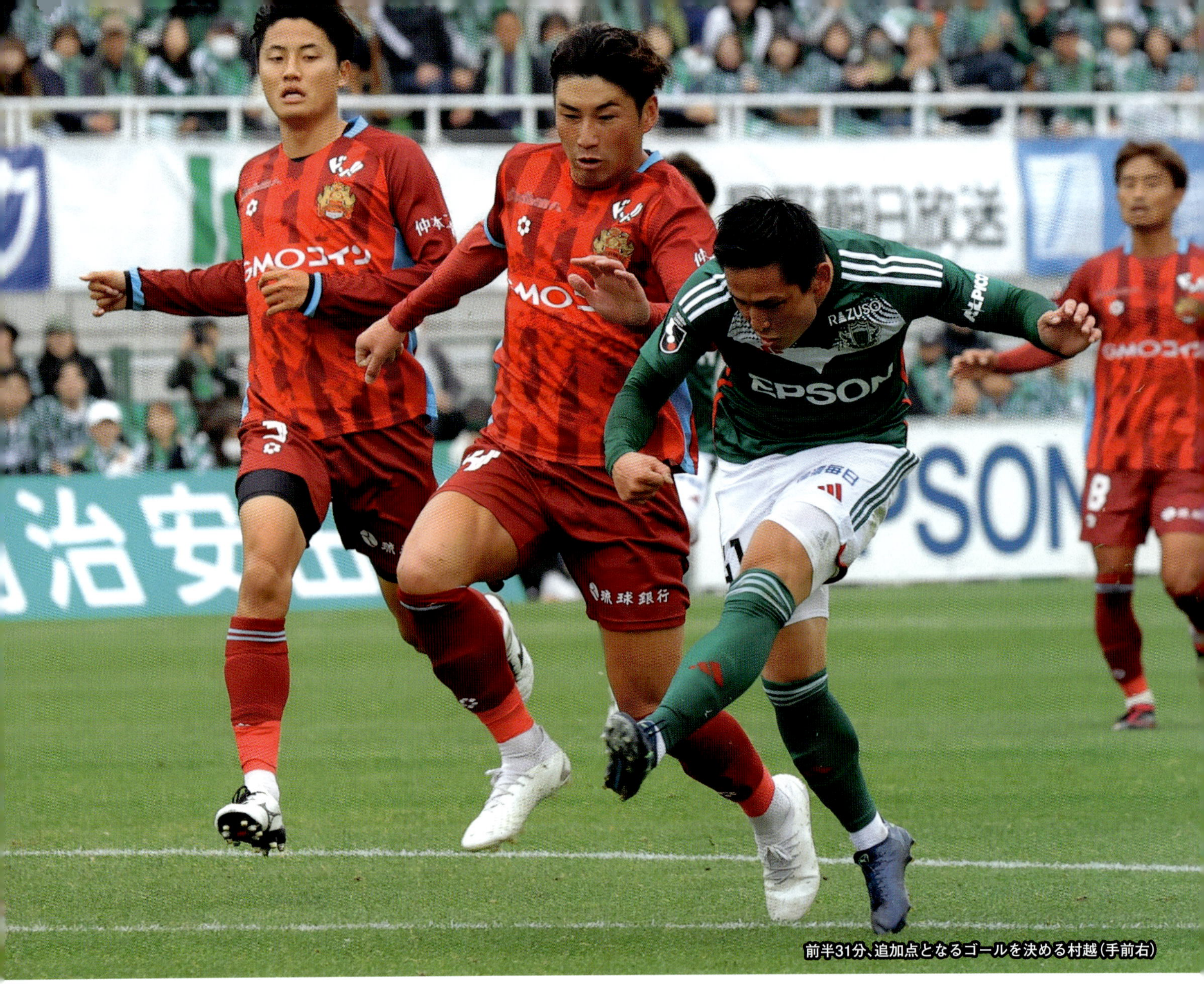

前半31分、追加点となるゴールを決める村越（手前右）

第37節　11/16　Home

2 - 1

松本山雅　琉球

堅守速攻で4連勝 勝つための戦術変更実る

プレーオフ進出決定

4連勝でホーム最終戦を飾り、J2昇格プレーオフ出場圏内の4位を維持。翌11月17日の他試合の結果を受けて6位以上が確定、プレーオフ進出が決まった。3試合ぶりに先発した樋口が左ウイングバックに入る3-4-3で臨んだ。堅い守備をベースに好機をうかがい、前半16分に大内のゴールキックを直接収めた安藤がドリブルで持ち込んで先制した。31分にショートカウンターから村越が左足で決めて追加点。後半35分にPKで1点を返されたものの、終盤に橋内ら3人を投入してリードを守り切った。

前半16分、先制ゴールを決める安藤（中央）

後半、ゴールを守るGK大内

まさに、肉を切らせて骨を断つ戦いだった。混戦のJ2昇格プレーオフ（PO）進出に向けて負けられない松本山雅は、琉球の華麗なパスワークに翻弄《ほんろう》されながらも4連勝。霜田監督の「いま僕たちは勝ち点3にこだわるサッカーをしている」という言葉に全てが凝縮されている。

速いテンポでボールと人を動かし、上位争いにも顔を出した琉球。前半16分に幸先よく先制した松本山雅だが「相手の立つ位置が良くて、何本も間にパスを通されてしまった」（菊井）。時間がたつにつれて自陣で耐える展開に陥った。

それでも最後の“一線”だけは越えさせなかった。3バック中央で守備を統率する高橋は「どうすれば守備がはまるか。90分間答えが見つからなかった」と苦悩しながらも要所は的確な指示で味方を動かし、コンパクトな陣形を維持。すると前半31分、自陣で野々村が奪ったボールから狙っていたカウンターを発動させ、スルーパスに抜け出した村越が鮮やかにゴールネットを揺らした。

霜田監督が就任した昨季から取り組んできたスタイルはむしろ琉球のようなパスで崩すスタイル。ただ、なかなか真価を発揮できないまま背水の陣となり、直近4試合は戦術転換。安藤は「以前なら相手にボールを持たれると『自分たちが持ちたいのに……』という感覚だった。でも、いまは相手に持たせてカウンターで決められる。そこが大きな変化」とプライドを投げ捨てて堅守速攻に徹する。

霜田監督が目指した姿ではないかもしれない。それでも、指揮官の大きな決断を選手が信じ、スタジアムの景色が変わってきた。ホーム最終戦後のセレモニーに登場した霜田監督は「POに行って、残り2試合に勝って、皆さんと1年を締めくくりたい」と力強く宣言した。

4連勝は忘れて最終節に臨む

霜田監督　これまでの僕らの戦いと比較すれば、パスも全然つなげなかったし、攻撃の形もなかなか出せなかった。課題が残る試合だったけれど、複数得点し、最少失点に抑えて勝ち点3を上乗せできた。今はこれ（勝利）が一番大事。まだ（J2昇格プレーオフ進出は）決まっていない。4連勝したことは忘れてプレーオフに行くための最終節に臨みたい。（試合後談話）

プレーオフ進出を濃厚にし、ホーム最終戦に集まった大勢のサポーターに手を振る選手たち

耐えて最後に安永ミドル 不屈の4位フィニッシュ

クラブ最多タイの5連勝で勝ち点60の年間4位となり、J2昇格プレーオフ準決勝のホーム開催をつかんだ。2試合連続で同じ先発メンバー。安藤をワントップに置く3-4-3で臨んだ。前半は沼津のパスワークに圧倒され、自陣に押し込まれた。カウンターからチャンスを狙ったものの仕留められず、0-0で折り返した。後半はセットプレーでチャンスをうかがいながら、38分に浅川と山口を投入。攻撃的な4バックに変更して流れをつかみ、47分に安永のミドルシュートで決勝点を奪った。

何も成し遂げていない

霜田監督　直近5試合で2失点という守備の堅さがチームのベースにある。守備で体を張って無失点に抑えればゲームは壊れない。ピンチの後に、最後にチャンスがくる。それをものにできるかどうか。その気持ちが安永のシュートに乗り移った。でも、まだ何も成し遂げていない。ここからの2試合（J2昇格プレーオフ）が勝負。緩めることなく準備したい。

ホームで5位福島と　プレーオフ準決勝

3～6位で争うJ2昇格プレーオフの組み合わせは、12月1日の準決勝は松本山雅（4位）ー福島（5位）、富山（3位）ーFC大阪（6位）のカード。それぞれ上位クラブのホームで開催される。一発勝負のトーナメント方式で、引き分けた場合は上位クラブが勝者となる。12月7日の決勝を制したクラブが来季J2に昇格する。年間順位1位の大宮、2位今治は自動昇格を決めている。

J2昇格プレーオフ（PO）のホーム開催が懸かった大一番は、最後にドラマが待っていた。0－0で迎えた後半47分、ペナルティーエリア外の中央でボールを受けた安永は「いつも練習していたので自信を持って振り抜くだけだった」。地をはうようなシュートがゴール左隅に突き刺さると、沼津まで駆けつけた約2700人のサポーターが歓喜に沸いた。

我慢に我慢を重ねた勝利だった。沼津は鮮やかなパスワークでリーグ1位のボール支配率を誇る強敵。松本山雅は速いテンポのパスワークに翻弄され、奪いに出れば背後に蹴られる悪循環。宮部は「どう守ればいいのか分からなかった」とピンチの連続だった。

それでも決壊しない。最後の局面は守備陣が体を張って防ぎ、絶体絶命のピンチは大内のビッグセーブで阻止。守護神は「いまは（守備重視の）戦い方がはっきりしている。だからボールを支配されても我慢しよう、という意識で戦える」。耐えた末に訪れたチャンスを仕留めた。

5連勝でリーグ戦を締めくくった松本山雅の急成長は、決勝点を奪ったヒーローの歩みと重なる。安永は攻撃的なプレーが持ち味の一方、守備では献身性が足りず、今季はなかなかスタメンに定着できなかった。苦しい時期は「自分のエゴ（武器）を押し殺している時もあった」。それでも、24歳のMFは「チームのプレーがあってこそ自分のエゴを出せるし、自分の特長を出せるからチームを助けられると気づけた」と力を込める。

ゴールの場面、安永にパスを届けたのは35歳のベテラン山本康だった。「（山本）康裕くんから『前を向け』という意図のあるボールが来た。だから迷いなく振り抜けた」と安永。ここから始まるPOの厳しい戦いも突き進むしかない。ただ、前だけを向いて。

追加時間の後半47分、決勝点を決めて雄叫びを上げる安永（右）

第38節　11/24　Away

沼津		松本山雅
0	-	1

リーグ戦全記録

最終節・沼津戦のアウェー会場に押し寄せた松本山雅サポーター。その数は約2700人。ホーム戦のような雰囲気をつくり上げて選手を鼓舞した＝11月24日、愛鷹広域公園多目的競技場

6位 第2節 3/2 タピック県総ひやごんスタジアム ▶4,957人 ▶曇

FC琉球 2-2 松本山雅FC

		0	前	0	
		2	後	2	
		10	SH	15	
		5	CK	6	
		16	FK	11	
GK	1	六反 勇治	神田 渉馬	35	GK
DF	23	山内 舟征	馬渡 和彰	7	DF
DF	14	鈴木 順也	高橋 祥平	4	DF
DF	4	藤春 廣輝	常田 克人	5	DF
MF	22	上原 牧人	樋口 大輝	40	DF
MF	6	岡澤 昂星	山本 康裕	15	MF
MF	55	幸喜 祐心	山口 一真	6	MF
MF	18	平松 昇	安永 玲央	46	MF
MF	24	佐藤 祐太	安藤 翼	14	FW
FW	89	高木 大輔	浅川 隼人	11	FW
FW	7	白井 陽斗	村越 凱光	41	FW
		交代要員			
DF	17	増谷 幸祐	野々村鷹人	44	DF
DF	26	吉本 武	藤谷 壮	48	DF
FW	8	岩渕 良太	住田 将	8	MF
FW	39	庵原 篤人	佐相 壱明	22	MF

●得点【琉】白井(後16、後41) 【松】村越(後5)野々村(後51)
●交代【琉】高木➡岩渕(後0) 山内➡増谷(後0) 幸喜➡庵原(後32) 白井➡吉本(後45) 【松】山口➡佐相(後17) 安藤➡住田(後38) 馬渡➡藤谷(後43) 村越➡野々村(後43)
●警告【琉】鈴木

4位 第1節 2/25 いちご宮崎新富サッカー場 ▶1,576人 ▶曇

テゲバジャーロ宮崎 1-2 松本山雅FC

		0	前	2	
		1	後	0	
		8	SH	8	
		1	CK	7	
		8	FK	21	
GK	57	植田 峻佑	神田 渉馬	35	GK
DF	36	吉永 昇偉	馬渡 和彰	7	DF
DF	28	眞鍋 旭輝	高橋 祥平	4	DF
DF	15	辻岡 佑真	常田 克人	5	DF
DF	16	吉田 朋恭	樋口 大輝	40	DF
MF	8	力安 祥伍	山本 康裕	15	MF
MF	5	坂井 駿也	菊井 悠介	10	MF
MF	23	大渕 来珠	住田 将	8	MF
FW	38	楠 大樹	安藤 翼	14	FW
FW	18	吉澤 柊	浅川 隼人	11	FW
FW	11	橋本 啓吾	滝 裕太	23	FW
		交代要員			
DF	4	大武 峻	山本 龍平	17	DF
MF	20	阿野 真拓	安永 玲央	46	MF
FW	41	上野 瑶介	村越 凱光	41	MF
			山口 一真	6	MF

●得点【宮】吉澤(後13) 【松】樋口(前15) OG(前37)
●交代【宮】吉澤➡上野(後24) 楠➡阿野(後29) 大渕➡大武(後51) 【松】安藤➡村越(後15) 滝➡山口(後29) 馬渡➡山本龍(後45) 山本康➡安永(後45)
●警告【宮】橋本、坂井 【松】神田、菊井

6位 第6節 3/23 東大阪市花園ラグビー場 ▶2,031人 ▶雨のち曇

FC大阪 0-0 松本山雅FC

		0	前	0	
		0	後	0	
		16	SH	7	
		11	CK	2	
		14	FK	16	
GK	1	永井 建成	神田 渉馬	35	GK
DF	2	美馬 和也	藤谷 壮	48	DF
DF	23	秋山 拓也	野々村鷹人	44	DF
DF	3	齊藤 隆成	常田 克人	5	DF
DF	6	舘野 俊祐	樋口 大輝	40	DF
MF	33	禹 相皓	安永 玲央	46	MF
MF	25	武井 成豪	住田 将	8	MF
MF	10	久保吏久斗	佐相 壱明	22	FW
MF	14	田中 直基	村越 凱光	41	FW
FW	43	西村 真祈	菊井 悠介	10	FW
FW	9	島田 拓海	山口 一真	6	FW
		交代要員			
DF	4	江川 慶城	山本 龍平	17	DF
DF	32	藤田 雄士	馬渡 和彰	7	DF
MF	11	利根 瑠偉	山本 康裕	15	MF
MF	7	木匠 貴大	安藤 翼	14	FW
FW	34	古川 大悟			

●交代【大】西村➡古川(後27) 田中➡利根(後34) 島田➡木匠(後34) 美馬➡藤田(後42) 武井➡江川(後42) 【松】藤谷➡馬渡(後16) 安永➡山本康(後16) 住田➡安藤(後36) 樋口➡山本龍(後45)
●警告【大】西村、秋山(2回)、江川 【松】安永、佐相(2回)、井上、馬渡

8位 第5節 3/20 サンプロアルウィン ▶5,905人 ▶曇

松本山雅FC 1-0 いわてグルージャ盛岡

		0	前	0	
		1	後	0	
		13	SH	7	
		7	CK	5	
		20	FK	8	
GK	35	神田 渉馬	大久保択生	1	GK
DF	7	馬渡 和彰	斉藤 諒	3	DF
DF	4	高橋 祥平	深津 康太	51	DF
DF	5	常田 克人	佐古 真礼	5	DF
DF	17	山本 龍平	小暮 大器	13	MF
MF	15	山本 康裕	新里 涼	17	MF
MF	10	菊井 悠介	弓削 翼	8	MF
MF	46	安永 玲央	高橋 峻希	6	MF
FW	14	安藤 翼	安達 秀都	30	FW
FW	11	浅川 隼人	深堀 隼平	7	FW
FW	23	滝 裕太	豊田 晃大	23	FW
		交代要員			
DF	44	野々村鷹人	宮市 剛	18	DF
DF	40	樋口 大輝	オタボーケネス	10	MF
MF	22	佐相 壱明	水野 晃樹	29	MF
MF	41	村越 凱光	小松 寛太	77	MF
MF	6	山口 一真	都倉 賢	9	FW

●得点【松】安藤(後10)
●交代【松】浅川➡佐相(前39) 滝➡山口(後30) 安藤➡村越(後39) 安永➡野々村(後39) 馬渡➡樋口(後39) 【岩】深堀➡オタボー(前23) 豊田➡小松(後0) 安達➡都倉(後16) 高橋➡水野(後34) 小暮➡宮市(後34)

9位 第4節 3/17 とうほう・みんなのスタジアム ▶2,327人 ▶晴のち雨

福島ユナイテッドFC 1-0 松本山雅FC

		1	前	0	
		0	後	0	
		5	SH	11	
		6	CK	5	
		14	FK	16	
GK	1	吉丸 絢梓	神田 渉馬	35	GK
DF	3	松長根悠仁	馬渡 和彰	7	DF
DF	2	山田 将之	高橋 祥平	4	DF
DF	4	堂鼻 起暉	野々村鷹人	44	DF
DF	28	鈴 直樹	樋口 大輝	40	DF
MF	30	加藤 匠人	山本 康裕	15	MF
MF	17	針谷 岳晃	住田 将	8	MF
MF	14	大関 友翔	安藤 翼	14	FW
FW	7	塩浜 遼	村越 凱光	41	FW
FW	18	矢島 輝一	滝 裕太	23	FW
FW	10	森 晃太	山口 一真	6	FW
		交代要員			
MF	13	宮崎 智彦	山本 龍平	17	DF
MF	41	上畑佑平士	安永 玲央	46	MF
FW	9	澤上 竜二	佐相 壱明	22	MF
FW	19	清水 一雅	菊井 悠介	10	MF
FW	40	樋口 寛規	浅川 隼人	11	FW

●得点【福】森(前13)
●交代【福】針谷➡上畑(後15) 矢島➡樋口(後15) 塩浜➡澤上(後24) 加藤➡宮崎(後24) 森➡清水(後41) 【松】安藤➡浅川(後18) 滝➡菊井(後18) 樋口➡山本龍(後18) 住田➡安永(後32) 村越➡佐相(後39)
●警告【福】加藤、澤上、吉丸 【松】浅川、野々村

7位 第3節 3/9 サンプロアルウィン ▶8,882人 ▶晴

松本山雅FC 1-1 Y.S.C.C.横浜

		0	前	0	
		1	後	1	
		20	SH	4	
		8	CK	1	
		18	FK	8	
GK	35	神田 渉馬	児玉 潤	16	GK
DF	7	馬渡 和彰	土館 賢人	4	DF
DF	4	高橋 祥平	大嶋 春樹	5	DF
DF	5	常田 克人	端野 拓馬	17	DF
DF	40	樋口 大輝	山本凌太郎	10	MF
MF	15	山本 康裕	中里 崇宏	50	MF
MF	14	安藤 翼	大越 寛人	26	MF
MF	46	安永 玲央	松村 航希	32	FW
FW	41	村越 凱光	ピーダーセン世穏	11	FW
FW	11	浅川 隼人	ルクマンハキム	13	FW
FW	23	滝 裕太	藤島樹騎也	18	FW
		交代要員			
DF	44	野々村鷹人	柳 雄太郎	8	MF
DF	17	山本 龍平	脇坂 崚平	14	MF
MF	30	國分 龍司	冨士田康人	15	MF
MF	22	佐相 壱明	道本 大飛	23	MF
MF	6	山口 一真	萱沼 優聖	9	FW

●得点【松】浅川(後34) 【横】山本(後4)
●交代【松】高橋➡野々村(後0) 村越➡山口(後18) 馬渡➡山本龍(後23) 安藤➡國分(後36) 滝➡佐相(後36) 【横】松村➡柳(後0) ルクマンハキム➡脇坂(後12) ピーダーセン➡萱沼(後26) 藤島➡道本(後26) 山本➡冨士田(後36)
●警告【横】ルクマンハキム、松村、端野

1位 第9節 4/20 サンプロアルウィン ▶6,165人 ▶曇

松本山雅FC 2-1 カマタマーレ讃岐

松本山雅FC		カマタマーレ讃岐
0	前	0
2	後	1
6	SH	10
6	CK	3
10	FK	14

GK	1	大内 一生	今村 勇介	1	GK
DF	7	馬渡 和彰	内田 瑞己	66	DF
DF	13	橋内 優也	長谷川 隼	6	DF
DF	44	野々村鷹人	宗近 慧	3	DF
DF	40	樋口 大輝	深港壮一郎	24	DF
MF	15	山本 康裕	前川 大河	13	MF
MF	10	菊井 悠介	吉田 陣平	14	MF
MF	32	米原 秀亮	下川 太陽	20	MF
FW	41	村越 凱光	川西 翔太	10	MF
FW	14	安藤 翼	吉田源太郎	11	MF
FW	23	滝 裕太	大野 耀平	22	FW
交代要員					
DF	48	藤谷 壮	竹村 俊二	4	MF
MF	46	安永 玲央	森 勇人	8	MF
MF	6	山口 一真	高橋 尚紀	9	MF
MF	20	前田 陸王	岩本 和希	15	MF
FW	50	ジョップセリンサリウ	岩岸 宗志	23	FW

- 得点【松】菊井(後8) OG(後36) 【讃】前川(後24)
- 交代【松】安藤➡前田(後26) 滝➡山口(後26) 米原➡安永(後29) 村越➡ジョップ(後37) 馬渡➡藤谷(後37) 【讃】下川➡高橋(後17) 大野➡岩岸(後17) 吉田陣➡岩本(後32) 川西➡竹村(後32) 前川➡森(後37)
- 警告【松】滝 【讃】吉田源、前川、長谷川

13位 第10節 4/13 ロートフィールド奈良 ▶2,337人 ▶晴

奈良クラブ 2-2 松本山雅FC

奈良クラブ		松本山雅FC
1	前	0
1	後	2
7	SH	8
2	CK	7
15	FK	11

GK	96	マルクヴィト	大内 一生	1	GK
DF	22	生駒 稀生	馬渡 和彰	7	DF
DF	5	鈴木 大誠	野々村鷹人	44	DF
DF	3	澤田 雄大	橋内 優也	13	DF
DF	49	下川 陽太	山本 龍平	17	DF
MF	8	堀内 颯人	山本 康裕	15	MF
MF	14	中島 賢星	菊井 悠介	10	MF
MF	20	國武 勇斗	安永 玲央	46	MF
MF	39	嫁阪 翔太	佐相 壱明	22	FW
MF	11	西田 恵	山口 一真	6	FW
FW	17	百田 真登	安藤 翼	14	FW
交代要員					
DF	13	都並 優太	藤谷 壮	48	DF
MF	25	神垣 陸	住田 将	8	MF
MF	43	田村 亮介	村越 凱光	41	MF
MF	31	岡田 優希	滝 裕太	23	MF
MF	10	山本宗太朗	ジョップセリンサリウ	50	FW

- 得点【奈】西田(前4) 岡田優(後1) 【松】山本康(後30) 野々村(後34)
- 交代【奈】嫁阪➡岡田優(後0) 堀内➡神垣(後19) 西田➡田村(後31) 國武➡山本(後31) 下川➡都並(後38) 【松】山口➡滝(後5) 安藤➡ジョップ(後18) 佐相➡村越(後18) 安永➡住田(後31) 山本龍➡藤谷(後31)
- 警告【奈】中島 【松】馬渡

13位 第8節 4/6 金沢ゴーゴーカレースタジアム ▶5,622人 ▶晴

ツエーゲン金沢 6-1 松本山雅FC

ツエーゲン金沢		松本山雅FC
4	前	1
2	後	0
15	SH	4
5	CK	3
11	FK	12

GK	31	上田 樹	神田 渉馬	35	GK
DF	25	小島 雅也	馬渡 和彰	7	DF
DF	3	畑尾 大翔	高橋 祥平	4	DF
DF	4	井上 竜太	常田 克人	5	DF
DF	39	庄司朋乃也	樋口 大輝	40	DF
MF	6	梶浦 勇輝	山本 康裕	15	MF
MF	15	西谷 優希	菊井 悠介	10	MF
MF	8	大山 啓輔	安永 玲央	46	MF
MF	14	石原 崇兆	安藤 翼	14	FW
FW	30	大谷 駿斗	ジョップセリンサリウ	50	FW
FW	77	マリソン	山口 一真	6	FW
交代要員					
DF	5	櫻井 風我	野々村鷹人	44	DF
DF	38	山本 義道	山本 龍平	17	DF
MF	16	毛利 駿也	藤谷 壮	48	DF
FW	9	土信田悠生	村越 凱光	41	MF
FW	11	杉浦 恭平	前田 陸王	20	MF

- 得点【金】マリソン(前26) 大谷(前30、前33) 井上(前38) 大山(後12) 櫻井(後42) 【松】山口(前5)
- 交代【金】庄司➡山本(後18) 大谷➡杉浦(後18) 小島➡毛利(後18) 大山➡櫻井(後21) マリソン➡土信田(後38) 【松】樋口➡山本龍(後0) 馬渡➡村越(後0) 安藤➡野々村(後0) 安永➡前田(後32) 高橋➡藤谷(後32)
- 警告【金】大谷、土信田、梶浦 【松】高橋、山本龍

9位 第7節 3/31 サンプロアルウィン ▶8,910人 ▶晴

松本山雅FC 1-2 FC岐阜

松本山雅FC		FC岐阜
1	前	1
0	後	1
16	SH	6
11	CK	5
10	FK	8

GK	35	神田 渉馬	茂木 秀	1	GK
DF	7	馬渡 和彰	石田 峻真	5	DF
DF	44	野々村鷹人	甲斐健太郎	4	DF
DF	5	常田 克人	野澤 陸	29	DF
DF	40	樋口 大輝	小川 真輝	18	DF
MF	15	山本 康裕	庄司 悦大	10	MF
MF	10	菊井 悠介	青木 拓矢	21	MF
MF	46	安永 玲央	荒木 大吾	8	MF
FW	14	安藤 翼	新垣 貴之	38	MF
FW	50	ジョップセリンサリウ	藤岡 浩介	11	FW
FW	6	山口 一真	田口 裕也	17	FW
交代要員					
DF	17	山本 龍平	川上 竜	40	DF
DF	48	藤谷 壮	文 仁柱	22	MF
MF	8	住田 将	西谷 亮	16	MF
MF	41	村越 凱光	上野 輝人	15	FW
MF	23	滝 裕太	粟飯原尚平	24	FW

- 得点【松】山口(前12) 【岐】荒木(前3) 粟飯原(後48)
- 交代【松】樋口➡山本龍(後16) 安藤➡村越(後26) 山本康➡住田(後37) ジョップ➡滝(後37) 馬渡➡藤谷(後37) 【岐】新垣➡上野(後0) 青木➡西谷(後0) 田口➡粟飯原(後19) 小川➡文(後37) 藤岡➡川上(後49)
- 警告【松】山口、ジョップ 【岐】西谷

10位 第14節 5/18 サンプロアルウィン ▶6,941人 ▶晴

松本山雅FC 1-1 ギラヴァンツ北九州

松本山雅FC		ギラヴァンツ北九州
1	前	0
0	後	1
7	SH	13
5	CK	8
11	FK	14

GK	1	大内 一生	田中 悠也	27	GK
DF	48	藤谷 壮	山脇 樺織	22	DF
DF	44	野々村鷹人	杉山 耕二	50	DF
DF	5	常田 克人	工藤 孝太	13	DF
DF	17	山本 龍平	前田 紘基	24	DF
MF	15	山本 康裕	高吉 正真	34	MF
MF	10	菊井 悠介	喜山 康平	11	MF
MF	32	米原 秀亮	高 昇辰	29	MF
FW	22	佐相 壱明	平原 隆暉	7	MF
FW	14	安藤 翼	牛之濵 拓	21	MF
FW	11	浅川 隼人	永井 龍	10	FW
交代要員					
DF	13	橋内 優也	乾 貴哉	33	DF
DF	2	宮部 大己	井澤 春輝	14	MF
MF	46	安永 玲央	井野 文太	19	MF
MF	41	村越 凱光	岡野 凜平	17	MF
MF	6	山口 一真	平山 駿	9	FW
FW	50	ジョップセリンサリウ			

- 得点【松】浅川(前8) 【北】永井(後47)
- 交代【松】野々村➡橋内(前17) 安藤➡山口(後30) 米原➡安永(後30) 山本龍➡宮部(後37) 菊井➡村越(後44) 浅川➡ジョップ(後44) 【北】平原➡平山(後20) 牛之濵➡井野(後20) 前田➡乾(後37) 高➡岡野(後37) 喜山➡井澤(後45)
- 警告【北】山脇、喜山、井野

10位 第13節 5/6 NACK5スタジアム大宮 ▶10,928人 ▶曇

大宮アルディージャ 0-2 松本山雅FC

大宮アルディージャ		松本山雅FC
0	前	0
0	後	2
10	SH	13
6	CK	9
16	FK	17

GK	1	笠原 昂史	大内 一生	1	GK
DF	34	村上 陽介	藤谷 壮	48	DF
DF	4	市原 吏音	野々村鷹人	44	DF
DF	5	浦上 仁騎	常田 克人	5	DF
MF	20	下口 稚葉	馬渡 和彰	7	DF
MF	7	小島 幹敏	山本 康裕	15	MF
MF	14	泉 柊椰	山口 一真	6	MF
MF	30	アルトゥールシルバ	米原 秀亮	32	MF
MF	6	石川 俊輝	安藤 翼	14	FW
MF	23	杉本 健勇	浅川 隼人	11	FW
FW	42	藤井 一志	佐相 壱明	22	FW
交代要員					
MF	17	中野 克哉	橋内 優也	13	DF
MF	39	泉澤 仁	樋口 大輝	40	DF
FW	10	シュヴィルツォク	安永 玲央	46	MF
			滝 裕太	23	MF
			ジョップセリンサリウ	50	FW

- 得点【松】浅川(後34) 藤谷(後35)
- 交代【大】石川➡シュヴィルツォク(後31) 泉➡泉澤(後36) 藤井➡中野克(後36) 【松】馬渡➡樋口(後27) 山口➡滝(後27) 安藤➡ジョップ(後41) 米原➡安永(後41) 藤谷➡橋内(後41)
- 警告【大】シルバ 【松】山本康

10位 第12節 5/3 サンプロアルウィン ▶8,900人 ▶晴

松本山雅FC 1-2 ヴァンラーレ八戸

松本山雅FC		ヴァンラーレ八戸
0	前	0
1	後	2
8	SH	15
3	CK	7
17	FK	8

GK	1	大内 一生	大西 勝俉	13	GK
DF	7	馬渡 和彰	柳下 大樹	29	DF
DF	44	野々村鷹人	蓑田 広大	20	DF
DF	13	橋内 優也	前澤 甲気	14	DF
DF	17	山本 龍平	柴田 壮介	6	MF
MF	46	安永 玲央	山内 陸	8	MF
MF	6	山口 一真	永田 一真	9	MF
MF	32	米原 秀亮	音泉 翔眞	18	MF
FW	41	村越 凱光	安藤 由翔	61	MF
FW	11	浅川 隼人	佐藤 碧	7	MF
FW	23	滝 裕太	オリオラサンデー	90	FW
交代要員					
DF	5	常田 克人	藤嵜 智貴	2	DF
DF	40	樋口 大輝	稲積 大介	5	MF
MF	15	山本 康裕	佐々木 快	11	FW
MF	22	佐相 壱明			
FW	20	前田 陸王			
FW	14	安藤 翼			

- 得点【松】浅川(後17) 【八】永田(後9、後23)
- 交代【松】山本龍➡樋口(前32) 村越➡安藤(後12) 山口➡佐相(後22) 米原➡山本康(後22) 滝➡前田(後40) 樋口➡常田(後40) 【八】佐藤➡稲積(後24) 永田➡藤嵜(後42) サンデー➡佐々木(後47)
- 警告【松】樋口、滝、安藤 【八】サンデー

9位 第11節 4/28 サンプロアルウィン ▶10,832人 ▶晴

松本山雅FC 3-1 カターレ富山

松本山雅FC		カターレ富山
1	前	1
2	後	0
8	SH	11
5	CK	4
11	FK	9

GK	1	大内 一生	田川 知樹	1	GK
DF	7	馬渡 和彰	大迫 暁	30	DF
DF	44	野々村鷹人	下堂 竜聖	14	DF
DF	13	橋内 優也	神山 京右	4	DF
DF	17	山本 龍平	安光 将作	25	DF
MF	15	山本 康裕	髙橋 馨希	33	MF
MF	10	菊井 悠介	末木 裕也	16	MF
MF	46	安永 玲央	松岡 大智	8	MF
FW	23	滝 裕太	佐々木陽次	7	MF
FW	11	浅川 隼人	伊藤 拓巳	18	MF
FW	41	村越 凱光	碓井 聖生	9	FW
交代要員					
DF	2	宮部 大己	西矢 慎平	23	DF
MF	32	米原 秀亮	瀬良 俊太	6	MF
MF	22	佐相 壱明	井上 直輝	19	MF
FW	6	山口 一真	布施谷 翔	28	MF
FW	14	安藤 翼	松本 孝平	11	FW

- 得点【松】浅川(前8、後7) 佐相(後27) 【富】佐々木(前30)
- 交代【松】菊井➡安藤(前21) 山本康➡米原(後22) 滝➡山口(後22) 馬渡➡佐相(後22) 浅川➡宮部(後34) 【富】佐々木➡井上(後16) 碓井➡松本(後26) 伊藤➡布施谷(後26) 松岡➡瀬良(後37) 大迫➡西矢(後37)
- 警告【富】大迫

第15節 6/1 サンプロアルウィン

12位 ▶6,518人 ▶晴

松本山雅FC 1-2 FC今治

松本山雅FC		FC今治
1	前	1
0	後	1
9	SH	5
7	CK	3
10	FK	13

GK	1	大内 一生	セランテス	31	GK
DF	48	藤谷 壮	梅木 怜	37	DF
DF	2	宮部 大己	白井 達也	5	DF
DF	5	常田 克人	福森 直也	3	DF
DF	17	山本 龍平	加藤 徹也	2	DF
MF	15	山本 康裕	トーマスモスキオン	6	MF
MF	10	菊井 悠介	近藤 高虎	9	MF
MF	32	米原 秀亮	新井 光	18	MF
FW	14	安藤 翼	横山 夢樹	36	MF
FW	11	浅川 隼人	マルクスヴィニシウス	10	FW
FW	41	村越 凱光	阪野 豊史	11	FW
		交代要員			
DF	27	二ノ宮慈洋	竹内 悠力	24	DF
DF	22	佐相 壱明	三門 雄大	50	MF
MF	6	山口 一真	楠美 圭史	25	MF
FW	50	ジョップセリンサリウ	弓場 堅真	14	MF
			日野 友貴	21	FW

- 得点【松】村越(前9)　【今】ヴィニシウス(前31) 日野(後25)
- 交代【松】藤谷➡佐相(後16) 安藤➡山口(後16) 村越➡ジョップ(後31) 宮部➡二ノ宮(後45) 【今】モスキオン➡三門(後19) 阪野➡日野(後19) 横山➡楠美(後29) 福森➡竹内(後44) ヴィニシウス➡弓場(後44)
- 警告【松】山本康　【今】福森、モスキオン、梅木、セランテス

第16節 6/8 Axis バードスタジアム

9位 ▶2,197人 ▶曇

ガイナーレ鳥取 0-4 松本山雅FC

ガイナーレ鳥取		松本山雅FC
0	前	2
0	後	2
6	SH	14
4	CK	3
14	FK	16

GK	39	櫻庭 立樹	大内 一生	1	GK
DF	32	伊川 拓	樋口 大輝	40	DF
DF	41	大城 蛍	宮部 大己	2	DF
DF	6	温井 駿斗	常田 克人	5	DF
DF	16	丸山 壮大	山本 龍平	17	DF
MF	7	松木駿之介	山本 康裕	15	MF
MF	14	普光院 誠	菊井 悠介	10	MF
MF	10	世瀬 啓人	米原 秀亮	32	MF
MF	17	小澤 秀充	安藤 翼	14	FW
FW	9	富樫 佑太	浅川 隼人	11	FW
FW	18	田中 翔太	村越 凱光	41	FW
		交代要員			
MF	11	東條 敦輝	橋内 優也	13	DF
MF	15	東出 壮太	二ノ宮慈洋	27	DF
FW	23	木下慎之輔	安永 玲央	46	MF
FW	46	宮田 和純	山口 一真	6	MF
			ジョップセリンサリウ	50	FW

- 得点【松】山本龍(前35) 村越(前36、後42) 菊井(後42)
- 交代【鳥】富樫➡東出(後28) 松木➡東條(後28) 田中翔➡宮田(後35) 小澤➡木下(後35) 【松】安藤➡山口(後27) 浅川➡ジョップ(後40) 米原➡安永(後40) 村越➡二ノ宮(後45) 樋口➡橋内(後45)
- 警告【鳥】普光院、温井

第17節 6/16 サンプロアルウィン

6位 ▶6,803人 ▶晴

松本山雅FC 4-0 アスルクラロ沼津

松本山雅FC		アスルクラロ沼津
2	前	0
2	後	0
12	SH	10
5	CK	2
16	FK	15

GK	1	大内 一生	武者 大夢	55	GK
DF	40	樋口 大輝	濱 託巳	88	DF
DF	2	宮部 大己	附木 雄也	13	DF
DF	5	常田 克人	中村 勇太	36	DF
DF	17	山本 龍平	安在 達弥	3	DF
MF	15	山本 康裕	菅井 拓也	18	MF
MF	10	菊井 悠介	持井 響太	7	MF
MF	32	米原 秀亮	徳永晃太郎	14	MF
FW	41	村越 凱光	鈴木拳士郎	8	MF
FW	11	浅川 隼人	和田 育	27	FW
FW	14	安藤 翼	津久井匠海	23	FW
		交代要員			
DF	13	橋内 優也	宮脇 茂夫	26	DF
MF	8	住田 将	森 夢真	21	MF
MF	46	安永 玲央	柳町 魁耀	44	MF
MF	6	山口 一真	齋藤 学	19	FW
FW	50	ジョップセリンサリウ	川又 堅碁	20	FW

- 得点【松】樋口(前9) 浅川(前14、後2) 山口(後33)
- 交代【松】安藤➡山口(後10) 浅川➡住田(後28) 山本康➡安永(後28) 菊井➡橋内(後40) 村越➡ジョップ(後40) 【沼】津久井➡森(後0) 和田➡川又(後20) 持井➡齋藤(後20) 安在➡宮脇(後36) 徳永➡柳町(後36)
- 警告【松】安永

第18節 6/22 相模原ギオンスタジアム

9位 ▶5,377人 ▶曇

SC相模原 3-2 松本山雅FC

SC相模原		松本山雅FC
0	前	2
3	後	0
10	SH	12
7	CK	7
9	FK	5

GK	1	三浦 基瑛	大内 一生	1	GK
DF	25	田中 陸	樋口 大輝	40	DF
DF	2	加藤 大育	宮部 大己	2	DF
DF	4	山下 諒時	常田 克人	5	DF
DF	7	金城ジャスティン俊樹	山本 龍平	17	DF
MF	27	西山 拓実	山本 康裕	15	MF
MF	6	徳永 裕大	菊井 悠介	10	MF
MF	15	前田 泰良	米原 秀亮	32	MF
MF	8	橋本 陸	村越 凱光	41	MF
FW	39	瀬沼 優司	浅川 隼人	11	FW
FW	17	伊藤 恵亮	安藤 翼	14	FW
		交代要員			
MF	20	若林 龍	佐相 壱明	22	DF
MF	24	牧山 晃政	住田 将	8	MF
MF	47	岩上 祐三	安永 玲央	46	MF
FW	14	髙木 彰人	山口 一真	6	MF
FW	22	福井 和樹	ジョップセリンサリウ	50	FW

- 得点【相】伊藤(後6、後48) 牧山(後11)　【松】樋口(前37、前48)
- 交代【相】西山➡牧山(前21) 瀬沼➡高木(後0) 牧山➡岩上(後35) 橋本➡福井(後45) 徳永➡若林(後45)　【松】安藤➡山口(後12) 山本康➡安永(後32) 村越➡ジョップ(後32) 米原➡住田(後42) 浅川➡佐相(後42)
- 警告【相】伊藤、牧山　【松】宮部、常田

第19節 6/29 サンプロアルウィン

9位 ▶14,411人 ▶晴

松本山雅FC 1-1 AC長野パルセイロ

松本山雅FC		AC長野パルセイロ
0	前	0
1	後	1
12	SH	8
8	CK	3
16	FK	11

GK	1	大内 一生	松原 颯汰	30	GK
DF	40	樋口 大輝	黒石 貴哉	23	DF
DF	2	宮部 大己	大野 佑哉	7	DF
DF	5	常田 克人	工藤 駿	29	DF
DF	17	山本 龍平	砂森 和也	48	DF
MF	15	山本 康裕	忽那 喬司	17	MF
MF	32	米原 秀亮	西村 恭史	6	MF
MF	10	菊井 悠介	碓井 鉄平	40	MF
FW	46	安永 玲央	小西 陽向	13	MF
FW	11	浅川 隼人	進 昂平	11	FW
FW	41	村越 凱光	浮田 健誠	18	FW
		交代要員			
DF	48	藤谷 壮	杉井 颯	19	DF
MF	22	佐相 壱明	近藤 貴司	8	MF
FW	14	安藤 翼	山中 麗央	10	MF
FW	6	山口 一真	安藤 一哉	33	MF
			古賀俊太郎	46	MF

- 得点【松】樋口(後12)　【長】杉井(後33)
- 交代【松】浅川➡安藤(後31) 山本龍➡藤谷(後37) 山本康➡佐相(後37) 村越➡山口(後37) 【長】進➡山中(後27) 砂森➡杉井(後27) 小西➡近藤(後37) 碓井➡古賀(後45) 忽那➡安藤(後45)
- 警告【松】山口　【長】杉井

第20節 7/6 プライフーズスタジアム

12位 ▶3,031人 ▶晴

ヴァンラーレ八戸 1-0 松本山雅FC

ヴァンラーレ八戸		松本山雅FC
0	前	0
1	後	0
7	SH	8
5	CK	8
10	FK	15

GK	13	大西 勝悟	大内 一生	1	GK
DF	29	柳下 大樹	樋口 大輝	40	DF
DF	39	近石 哲平	宮部 大己	2	DF
DF	20	蓑田 広大	常田 克人	5	DF
MF	6	柴田 壮介	山本 龍平	17	DF
MF	8	山内 陸	山本 康裕	15	MF
MF	9	永田 一真	米原 秀亮	32	MF
MF	18	音泉 翔眞	菊井 悠介	10	MF
MF	14	前澤 甲気	安永 玲央	46	FW
MF	61	安藤 由翔	浅川 隼人	11	FW
FW	90	オリオラサンデー	安藤 翼	14	FW
		交代要員			
MF	5	稲積 大介	野々村鷹人	44	DF
MF	17	妹尾 直哉	藤谷 壮	48	DF
MF	27	國分 将	滝 裕太	23	MF
FW	11	佐々木 快	村越 凱光	41	MF
			山口 一真	6	MF

- 得点【八】妹尾(後38)
- 交代【八】安藤➡妹尾(後27) 永田➡稲積(後39) サンデー➡佐々木(後39) 音泉➡國分(後48) 【松】安藤➡山口(後25) 山本康➡滝(後34) 宮部➡野々村(後43) 山本龍➡藤谷(後43) 安永➡村越(後43)
- 警告【松】山本康、宮部

第21節 7/14 サンプロアルウィン

9位 ▶5,213人 ▶曇

松本山雅FC 2-0 FC大阪

松本山雅FC		FC大阪
2	前	0
0	後	0
17	SH	10
6	CK	3
9	FK	9

GK	1	大内 一生	永井 建成	1	GK
DF	40	樋口 大輝	美馬 和也	2	DF
DF	2	宮部 大己	秋山 拓也	23	DF
DF	44	野々村鷹人	齊藤 隆成	3	DF
DF	17	山本 龍平	舘野 俊祐	6	DF
MF	15	山本 康裕	下澤 悠太	16	MF
MF	32	米原 秀亮	武井 成豪	25	MF
MF	46	安永 玲央	久保吏久斗	10	MF
FW	14	安藤 翼	田中 直基	14	MF
FW	11	浅川 隼人	西村 真祈	43	FW
FW	10	菊井 悠介	島田 拓海	9	FW
		交代要員			
DF	5	常田 克人	林田 魁斗	22	DF
DF	22	佐相 壱明	増田 隼司	19	MF
MF	23	滝 裕太	利根 瑠偉	11	MF
MF	20	前田 陸王	宇高 魁人	18	FW
			古川 大悟	34	FW

- 得点【松】浅川(前24、前34)
- 交代【松】安藤➡滝(後23) 安永➡佐相(後37) 野々村➡常田(後37) 菊井➡前田(後43) 【大】齊藤➡林田(後0) 田中➡利根(後0) 島田➡古川(後0) 武井➡増田(後19) 西村➡宇高(後37)
- 警告【大】齊藤、秋山、舘野

第22節 7/20 ミクニワールドスタジアム北九州

10位 ▶5,488人 ▶晴

ギラヴァンツ北九州 0-0 松本山雅FC

ギラヴァンツ北九州		松本山雅FC
0	前	0
0	後	0
9	SH	6
5	CK	2
16	FK	21

GK	27	田中 悠也	大内 一生	1	GK
DF	22	山脇 樺織	樋口 大輝	40	DF
DF	50	杉山 耕二	野々村鷹人	44	DF
DF	13	工藤 孝太	宮部 大己	2	DF
DF	24	前田 紘基	山本 龍平	17	DF
MF	34	高吉 正真	山本 康裕	15	MF
MF	14	井澤 春輝	米原 秀亮	32	MF
MF	17	岡野 凜平	安永 玲央	46	MF
MF	6	藤原 健介	安藤 翼	14	FW
MF	21	牛之濵 拓	浅川 隼人	11	FW
FW	10	永井 龍	菊井 悠介	10	FW
		交代要員			
DF	33	乾 貴哉	常田 克人	5	DF
MF	7	平原 隆暉	高橋 祥平	4	DF
MF	20	矢田 旭	藤谷 壮	48	DF
FW	29	高 昇辰	村越 凱光	41	MF
FW	9	平山 駿	滝 裕太	23	MF
			前田 陸王	20	MF

- 交代【北】高吉➡高(後15) 岡野➡矢田(後28) 牛之濵➡平原(後28) 前田➡乾(後43) 永井➡平山(後43)　【松】山本龍➡藤谷(後0) 安藤➡村越(後18) 安永➡滝(後33) 山本康➡前田(後47) 宮部➡常田(後47) 米原➡高橋(後47)
- 警告【北】高吉　【松】菊井、宮部、米原

8位 第26節 8/31 岐阜メモリアルセンター長良川競技場
▶3,676人 ▶曇

FC岐阜 0-1 松本山雅FC

FC岐阜		松本山雅FC
0	前	1
0	後	0
11	SH	9
7	CK	6
11	FK	18

GK	41	中山 開帆	大内 一生	1	GK
DF	5	石田 崚真	樋口 大輝	40	DF
DF	2	岡崎 慎	野々村鷹人	44	DF
DF	40	川上 竜	常田 克人	5	DF
DF	37	寺阪 尚悟	山本 龍平	17	DF
MF	10	庄司 悦大	安永 玲央	46	MF
MF	28	水野 泰輔	米原 秀亮	32	MF
MF	38	新垣 貴之	菊井 悠介	10	MF
MF	8	荒木 大吾	中村 仁郎	25	FW
MF	16	西谷 亮	浅川 隼人	11	FW
FW	24	粟飯原尚平	村越 凱光	41	FW

交代要員

MF	22	文 仁柱	二ノ宮慈洋	27	DF
MF	6	北 龍磨	住田 将	8	MF
MF	65	西堂 久俊	佐相 壱明	22	MF
FW	11	藤岡 浩介	滝 裕太	23	MF
FW	99	イヨンジェ	安藤 翼	14	FW

●得点【松】樋口(前26)
●交代【岐】水野➡北(後23) 西谷➡西堂(後23) 中村➡佐相(後23) 新垣➡藤岡(後31) 粟飯原➡イ(後31) 寺阪➡文(後36) 【松】中村➡佐相(後23) 菊井➡安藤(後27) 野々村➡二ノ宮(後27) 安永➡住田(後43) 村越➡滝(後43)
●警告【岐】粟飯原 【松】安永、佐相

10位 第25節 8/24 富山県総合運動公園陸上競技場
▶5,816人 ▶曇

カターレ富山 3-0 松本山雅FC

カターレ富山		松本山雅FC
1	前	0
2	後	0
10	SH	7
4	CK	8
10	FK	15

GK	1	田川 知樹	大内 一生	1	GK
DF	20	大山 武蔵	樋口 大輝	40	DF
DF	4	神山 京右	宮部 大己	2	DF
DF	5	今瀬 淳也	常田 克人	5	DF
DF	25	安光 将作	山本 龍平	17	DF
MF	15	ガブリエルエンリケ	安永 玲央	46	MF
MF	16	末木 裕也	米原 秀亮	32	MF
MF	33	高橋 馨希	菊井 悠介	10	MF
MF	7	佐々木陽次	安藤 翼	14	FW
MF	28	布施谷 翔	浅川 隼人	11	FW
FW	10	マテウスレイリア	滝 裕太	23	FW

交代要員

MF	2	脇本 晃成	野々村鷹人	44	DF
MF	8	松岡 大智	藤谷 壮	48	DF
MF	19	井上 直輝	國分 龍司	30	MF
FW	9	碓井 聖生	中村 仁郎	25	MF
FW	27	吉平 翼	村越 凱光	41	MF

●得点【富】安光(前41) 髙橋(後8) 井上(後49)
●交代【富】佐々木➡碓井(後21) エンリケ➡松岡(後34) 大山➡脇本(後34) レイリア➡井上(後37) 布施谷➡吉平(後37) 【松】安藤➡中村(後0) 滝➡村越(後13) 樋口➡藤谷(後13) 宮部➡野々村(後13) 米原➡國分(後35)
●警告【富】佐々木 【松】宮部

8位 第24節 8/17 サンプロアルウィン
▶10,701人 ▶晴

松本山雅FC 3-2 SC相模原

松本山雅FC		SC相模原
2	前	1
1	後	1
13	SH	9
8	CK	4
12	FK	7

GK	1	大内 一生	三浦 基瑛	1	GK
DF	40	樋口 大輝	加藤 大育	2	DF
DF	2	宮部 大己	田代 真一	55	DF
DF	5	常田 克人	小笠原佳祐	28	DF
DF	17	山本 龍平	高野 遼	16	DF
MF	10	菊井 悠介	岩上 祐三	47	MF
MF	32	米原 秀亮	徳永 裕大	6	MF
MF	46	安永 玲央	三鬼 海	18	MF
FW	14	安藤 翼	植田 啓太	48	MF
FW	11	浅川 隼人	武藤 雄樹	11	FW
FW	23	滝 裕太	棚橋 尭士	33	FW

交代要員

DF	48	藤谷 壮	橋本 陸	8	DF
MF	25	中村 仁郎	若林 龍	20	MF
MF	41	村越 凱光	西山 拓実	27	MF
			髙木 彰人	14	FW
			瀬沼 優司	39	FW

●得点【松】浅川(前44) 菊井(前50) 村越(後50) 【相】高野(前6) 髙木(後35)
●交代【松】安藤➡中村(後12) 滝➡村越(後29) 山本龍➡藤谷(後37) 【相】岩上➡西山(後12) 武藤➡髙木(後19) 三鬼➡若林(後19) 棚橋➡瀬沼(後33) 高野➡橋本(後33)
●警告【松】浅川、安永 【相】加藤

10位 第23節 7/27 サンプロアルウィン
▶8,006人 ▶曇

松本山雅FC 1-1 福島ユナイテッドFC

松本山雅FC		福島ユナイテッドFC
1	前	1
0	後	0
8	SH	11
6	CK	6
13	FK	14

GK	1	大内 一生	吉丸 絢梓	1	GK
DF	40	樋口 大輝	松長根悠仁	3	DF
DF	44	野々村鷹人	野末 学	27	DF
DF	2	宮部 大己	大森 博	5	DF
DF	17	山本 龍平	鈴 直樹	28	DF
MF	15	山本 康裕	上畑佑平士	41	MF
MF	32	米原 秀亮	針谷 岳晃	17	MF
FW	23	滝 裕太	大関 友翔	14	MF
FW	10	菊井 悠介	塩浜 遼	7	FW
FW	11	浅川 隼人	矢島 輝一	18	FW
FW	14	安藤 翼	森 晃太	10	FW

交代要員

DF	48	藤谷 壮	宮崎 智彦	13	MF
MF	41	村越 凱光	澤上 竜二	9	FW
MF	6	山口 一真	長野 星輝	11	FW
			清水 一雅	19	FW
			城定 幹大	20	FW

●得点【松】安藤(前4) 【福】塩浜(前43)
●交代【松】安藤➡村越(後26) 樋口➡藤谷(後26) 滝➡山口(後38) 【福】矢島➡澤上(後0) 針谷➡城定(後20) 森➡清水(後31) 塩浜➡長野(後31) 大関➡宮崎(後40)
●警告【松】山本康 【福】宮崎

7位 第30節 9/29 サンプロアルウィン
▶7,805人 ▶曇

松本山雅FC 1-1 奈良クラブ

松本山雅FC		奈良クラブ
1	前	1
0	後	0
16	SH	3
9	CK	1
13	FK	9

GK	1	大内 一生	マルクヴィト	96	GK
DF	40	樋口 大輝	生駒 稀生	22	DF
DF	44	野々村鷹人	澤田 雄大	3	DF
DF	5	常田 克人	小谷 祐喜	23	DF
DF	17	山本 龍平	鈴木 大誠	5	DF
MF	15	山本 康裕	西田 恵	11	MF
MF	46	安永 玲央	堀内 颯人	8	MF
MF	10	菊井 悠介	神垣 陸	25	MF
FW	22	佐相 壱明	國武 勇斗	20	MF
FW	14	安藤 翼	岡田 優希	31	MF
FW	41	村越 凱光	松本ケンチザンガ	19	FW

交代要員

DF	7	馬渡 和彰	都並 優太	13	DF
MF	8	住田 将	森田 凜	41	MF
MF	30	國分 龍司	嫁阪 翔太	39	MF
MF	23	滝 裕太	パトリックグスタフソン	15	FW
MF	6	山口 一真			

●得点【松】山本龍(前14) 【奈】生駒(前18)
●交代【松】安藤➡山口(後16) 山本龍➡馬渡(後16) 山本康➡國分(後26) 佐相➡滝(後40) 安永➡住田(後40) 【奈】堀内➡森田(前21) 松本➡グスタフソン(後28) 國武➡嫁阪(後40) 西田➡都並(後40)
●警告【松】山本康 【奈】森田

8位 第29節 9/22 Pikaraスタジアム
▶2,037人 ▶雨のち曇

カマタマーレ讃岐 1-4 松本山雅FC

カマタマーレ讃岐		松本山雅FC
1	前	2
0	後	2
19	SH	13
6	CK	4
14	FK	8

GK	32	松原 快晟	大内 一生	1	GK
DF	47	西野 奨太	樋口 大輝	40	DF
DF	16	奥田 雄大	野々村鷹人	44	DF
DF	24	深港壮一郎	常田 克人	5	DF
MF	66	内田 瑞己	山本 龍平	17	DF
MF	6	長谷川 隼	山本 康裕	15	MF
MF	14	吉田 陣平	米原 秀亮	32	MF
MF	11	吉田源太郎	菊井 悠介	10	MF
FW	13	前川 大河	中村 仁郎	25	FW
FW	30	丹羽 詩温	浅川 隼人	11	FW
FW	60	森川 裕基	村越 凱光	41	FW

交代要員

MF	7	江口 直生	宮部 大己	2	DF
MF	8	森 勇人	馬渡 和彰	7	DF
MF	15	岩本 和希	安永 玲央	46	MF
FW	19	赤星 魁麻	佐相 壱明	22	MF
FW	23	岩岸 宗志	安藤 翼	14	FW

●得点【讃】前川(前37) 【松】中村(前11) 浅川(前27) 安藤(後6、後12)
●交代【讃】深港➡岩本(後0) 前川➡岩岸(後23) 丹羽➡赤星(後37) 森川➡森(後37) 吉田陣➡江口(後44) 【松】浅川➡安藤(前32) 中村➡佐相(後23) 山本康➡安永(後23) 山本龍➡馬渡(後37) 安藤➡宮部(後37)

10位 第28節 9/14 アシックス里山スタジアム
▶4,134人 ▶曇

FC今治 1-1 松本山雅FC

FC今治		松本山雅FC
1	前	1
0	後	0
7	SH	5
4	CK	3
11	FK	16

GK	31	セランテス	大内 一生	1	GK
DF	4	市原 亮太	樋口 大輝	40	DF
DF	3	福森 直也	野々村鷹人	44	DF
DF	2	加藤 徹也	常田 克人	5	DF
MF	14	弓場 堅真	山本 龍平	17	DF
MF	20	佐藤 璃樹	山本 康裕	15	MF
MF	6	トーマスモスキオン	米原 秀亮	32	MF
MF	7	山田 貴文	菊井 悠介	10	MF
MF	9	近藤 高虎	中村 仁郎	25	FW
FW	17	ウェズレイタンキ	浅川 隼人	11	FW
FW	36	横山 夢樹	村越 凱光	41	FW

交代要員

MF	25	楠美 圭史	宮部 大己	2	DF
MF	50	三門 雄大	馬渡 和彰	7	DF
FW	11	阪野 豊史	住田 将	8	MF
FW	21	日野 友貴	佐相 壱明	22	MF
			滝 裕太	23	MF
			安藤 翼	14	FW

●得点【今】タンキ(前19) 【松】米原(前13)
●交代【今】佐藤➡阪野(後17) 山田➡三門(後17) モスキオン➡楠美(後30) タンキ➡日野(後41) 【松】浅川➡安藤(後23) 山本龍➡馬渡(後23) 中村➡佐相(後35) 村越➡滝(後35) 野々村➡宮部(後38) 山本康➡住田(後47)
●警告【今】モスキオン 【松】浅川、山本龍

10位 第27節 9/7 サンプロアルウィン
▶11,169人 ▶晴

松本山雅FC 0-1 大宮アルディージャ

松本山雅FC		大宮アルディージャ
0	前	0
0	後	1
9	SH	10
6	CK	3
18	FK	11

GK	1	大内 一生	笠原 昂史	1	GK
DF	40	樋口 大輝	村上 陽介	34	DF
DF	44	野々村鷹人	市原 吏音	4	DF
DF	5	常田 克人	浦上 仁騎	5	DF
DF	17	山本 龍平	茂木 力也	22	MF
MF	15	山本 康裕	アルトゥールシルバ	30	MF
MF	32	米原 秀亮	小島 幹敏	7	MF
MF	10	菊井 悠介	泉 柊椰	14	MF
FW	25	中村 仁郎	杉本 健勇	23	FW
FW	11	浅川 隼人	オリオラサンデー	90	FW
FW	41	村越 凱光	石川 俊輝	6	FW

交代要員

DF	2	宮部 大己	関口 凱心	37	DF
DF	48	藤谷 壮	ファビアンゴンザレス	9	FW
MF	22	佐相 壱明	藤井 一志	42	FW
MF	23	滝 裕太	大澤 朋也	49	FW
FW	14	安藤 翼			

●得点【大】石川(後22)
●交代【松】村越➡滝(後26) 中村➡佐相(後26) 米原➡安藤(後35) 樋口➡藤谷(後35) 山本康➡宮部(後45) 【大】杉本➡藤井(後31) 泉➡関口(後35) サンデー➡大澤(後35) 石川➡ゴンザレス(後40)
●警告【松】菊井 【大】シルバ、ゴンザレス

8位 第34節 10/26 ニッパツ三ツ沢球技場
▶3,627人 ▶曇

Y.S.C.C.横浜 0-2 松本山雅FC

0	前	1
0	後	1
10	SH	13
4	CK	6
15	FK	13

GK	82	後東 尚輝	大内 一生	1	GK
DF	8	柳 雄太郎	宮部 大己	2	DF
DF	5	大嶋 春樹	高橋 祥平	4	DF
DF	3	藤原 拓也	野々村鷹人	44	DF
MF	30	小島 秀仁	樋口 大輝	40	DF
MF	32	松村 航希	佐相 壱明	22	MF
MF	15	冨士田康人	山本 康裕	15	MF
MF	39	奥村 晃司	米原 秀亮	32	MF
MF	33	橋本 陸斗	村越 凱光	41	MF
FW	7	菊谷 篤資	菊井 悠介	10	FW
FW	9	萱沼 優聖	安藤 翼	14	FW
交代要員					
DF	2	花房 稔	馬渡 和彰	7	DF
DF	25	西山 峻太	安永 玲央	46	MF
MF	4	土館 賢人	高井 和馬	9	FW
FW	11	ピーダーセン世穏	中村 仁郎	25	FW
FW	67	オニエオゴチュクウ	浅川 隼人	11	FW

●得点【松】菊井(前11、後32)
●交代【横】萱沼➡オニエ(後29) 菊谷➡花房(後29) 松村➡西山(後29) 小島➡土館(後38) 柳➡ピーダーセン(後41) 【松】村越➡中村(後0) 米原➡安永(後20) 安藤➡浅川(後33) 山本康➡高井(後33) 菊井➡馬渡(後46)
●警告【横】菊谷、冨士田 【松】米原、山本康、高井
●退場【横】大嶋

11位 第33節 10/20 サンプロアルウィン
▶7,289人 ▶曇のち晴

松本山雅FC 3-4 ガイナーレ鳥取

1	前	1
2	後	3
11	SH	7
6	CK	3
9	FK	8

GK	1	大内 一生	高麗 稜太	31	GK
DF	48	藤谷 壮	丸山 壮大	16	DF
DF	4	高橋 祥平	金浦 真樹	42	DF
DF	5	常田 克人	二階堂正哉	4	DF
DF	17	山本 龍平	温井 駿斗	6	DF
MF	15	山本 康裕	三木 直土	19	MF
MF	32	米原 秀亮	高柳 郁弥	26	MF
FW	25	中村 仁郎	曽我 大地	34	MF
FW	11	浅川 隼人	小澤 秀充	17	MF
FW	14	安藤 翼	富樫 佑太	9	FW
FW	41	村越 凱光	松木駿之介	7	FW
交代要員					
DF	44	野々村鷹人	田中 恵太	8	DF
MF	46	安永 玲央	小泉 隆斗	29	DF
MF	22	佐相 壱明	東條 敦輝	11	MF
MF	10	菊井 悠介	普光院 誠	14	MF
FW	9	高井 和馬	田中 翔太	18	FW

●得点【松】村越(前29) 高井(後35) 野々村(後42) 【鳥】松木(前37) 小澤(後27、後29) 普光院(後37)
●交代【松】中村➡菊井(後20) 浅川➡高井(後28) 米原➡安永(後28) 村越➡野々村(後33) 藤谷➡佐相(後33) 【鳥】富樫➡普光院(後20) 三木➡東條(後28) 松木➡田中翔(後28) 丸山➡田中恵(後43) 小澤➡小泉(後43)
●警告【鳥】温井

8位 第32節 10/13 サンプロアルウィン
▶9,002人 ▶晴

松本山雅FC 1-1 ツエーゲン金沢

0	前	0
1	後	1
13	SH	15
3	CK	9
14	FK	15

GK	1	大内 一生	上田 樹	31	GK
DF	48	藤谷 壮	長峰 祐斗	2	DF
DF	44	野々村鷹人	井上 竜太	4	DF
DF	5	常田 克人	小島 雅也	25	DF
DF	17	山本 龍平	山本 義道	38	DF
MF	15	山本 康裕	庄司朋乃也	39	DF
MF	14	安藤 翼	梶浦 勇輝	6	MF
MF	32	米原 秀亮	熊谷アンドリュー	18	MF
FW	25	中村 仁郎	西谷 和希	24	MF
FW	11	浅川 隼人	大谷 駿斗	30	FW
FW	41	村越 凱光	田口 裕也	71	FW
交代要員					
DF	40	樋口 大輝	櫻井 風我	5	DF
MF	46	安永 玲央	嶋田慎太郎	10	MF
MF	22	佐相 壱明	杉浦 恭平	11	FW
FW	9	高井 和馬	マ リ ソ ン	77	FW
FW	6	山口 一真	ジェフェルソンバイアーノ	95	FW

●得点【松】常田(後24) 【金】マリソン(後33)
●交代【松】中村➡高井(後25) 浅川➡山口(後38) 米原➡安永(後38) 安藤➡佐相(後46) 藤谷➡樋口(後46) 【金】小島➡櫻井(前45) 長峰➡マリソン(後28) 田口➡バイアーノ(後28) 大谷➡杉浦(後38) 西谷和➡嶋田(後38)
●警告【松】中村、常田、米原 【金】梶浦、熊谷、嶋田

8位 第31節 10/5 長野Uスタジアム
▶11,965人 ▶曇

AC長野パルセイロ 1-1 松本山雅FC

1	前	1
0	後	0
10	SH	10
5	CK	5
9	FK	7

GK	30	松原 颯汰	大内 一生	1	GK
DF	5	池ケ谷颯斗	樋口 大輝	40	DF
DF	7	大野 佑哉	野々村鷹人	44	DF
DF	19	杉井 颯	常田 克人	5	DF
MF	23	黒石 貴哉	馬渡 和彰	7	DF
MF	46	古賀俊太郎	佐相 壱明	22	MF
MF	6	西村 恭史	山本 康裕	15	MF
MF	17	忽那 喬司	米原 秀亮	32	MF
MF	8	近藤 貴司	村越 凱光	41	MF
MF	14	三田 尚希	安藤 翼	14	FW
FW	10	山中 麗央	安永 玲央	46	FW
交代要員					
MF	13	小西 陽向	藤谷 壮	48	DF
MF	47	加藤 弘堅	中村 仁郎	25	MF
FW	18	浮田 健誠	山口 一真	6	MF
			浅川 隼人	11	FW

●得点【長】近藤(前18) 【松】OG(前19)
●交代【長】古賀➡加藤(後22) 山中➡浮田(後22) 忽那➡小西(後30) 【松】馬渡➡藤谷(後0) 安藤➡浅川(後30) 佐相➡中村(後30) 米原➡山口(後35)

4位 第38節 11/24 愛鷹広域公園多目的競技場
▶7,162人 ▶晴

アスルクラロ沼津 0-1 松本山雅FC

0	前	0
0	後	1
11	SH	6
7	CK	3
10	FK	12

GK	55	武者 大夢	大内 一生	1	GK
DF	26	宮脇 茂夫	野々村鷹人	44	DF
DF	28	井上 航希	高橋 祥平	4	DF
DF	34	グスタボマルティニリッシ	宮部 大己	2	DF
DF	3	安在 達弥	佐相 壱明	22	MF
MF	40	沼田 航征	山本 康裕	15	MF
MF	7	持井 響太	安永 玲央	46	MF
MF	14	徳永晃太郎	樋口 大輝	40	MF
MF	21	森 夢真	村越 凱光	41	FW
FW	27	和田 育	安藤 翼	14	FW
FW	23	津久井匠海	菊井 悠介	10	FW
交代要員					
DF	88	濱 託巳	橋内 優也	13	DF
FW	19	齋藤 学	中村 仁郎	25	MF
FW	33	赤塚ミカエル	山口 一真	6	MF
FW	11	染矢 一樹	浅川 隼人	11	FW
FW	25	伊東 輝悦			

●得点【松】安永(後47)
●交代【沼】津久井➡齋藤(後29) 和田➡赤塚(後29) 森➡染矢(後40) 安在➡濱(後40) 徳永➡伊東(後48) 【松】村越➡中村(後21) 安藤➡浅川(後38) 佐相➡山口(後38) 菊井➡橋内(後48)
●警告【松】中村

4位 第37節 11/16 サンプロアルウィン
▶9,325人 ▶曇

松本山雅FC 2-1 FC琉球

2	前	0
0	後	1
13	SH	7
5	CK	4
21	FK	11

GK	1	大内 一生	東 ジョン	35	GK
DF	44	野々村鷹人	鈴木 順也	14	DF
DF	4	高橋 祥平	森 侑里	3	DF
DF	2	宮部 大己	増谷 幸祐	17	DF
MF	22	佐相 壱明	上原 牧人	22	MF
MF	15	山本 康裕	武沢 一翔	5	MF
MF	46	安永 玲央	岩渕 良太	8	MF
MF	40	樋口 大輝	岡澤 昂星	6	MF
FW	41	村越 凱光	藤春 廣輝	4	MF
FW	14	安藤 翼	佐藤 祐太	24	MF
FW	10	菊井 悠介	重松健太郎	27	FW
交代要員					
DF	13	橋内 優也	鍵山 慶司	41	DF
MF	30	國分 龍司	高安 孝幸	19	DF
MF	8	住田 将	平松 昇	18	MF
FW	9	高井 和馬	富所 悠	10	MF
FW	11	浅川 隼人	庵原 篤人	39	FW

●得点【松】安藤(前16) 村越(前31) 【琉】富所(後35)
●交代【松】安藤➡高井(後26) 山本康➡住田(後37) 村越➡浅川(後37) 高橋➡橋内(後37) 佐相➡國分(後51) 【琉】武沢➡富所(後0) 増谷➡高安(後16) 重松➡庵原(後16) 岡澤➡平松(後16) 岩渕➡鍵山(後31)

4位 第36節 11/9 いわぎんスタジアム
▶1,451人 ▶晴

いわてグルージャ盛岡 1-6 松本山雅FC

0	前	4
1	後	2
6	SH	9
2	CK	3
10	FK	10

GK	21	稲葉亜我志	大内 一生	1	GK
DF	22	西 大伍	野々村鷹人	44	DF
DF	3	斉藤 諒	高橋 祥平	4	DF
DF	18	宮市 剛	宮部 大己	2	DF
MF	10	オタボーケネス	佐相 壱明	22	MF
MF	4	深川 大輔	山本 康裕	15	MF
MF	30	安達 秀都	安永 玲央	46	MF
MF	32	上笹貫 剣	山本 龍平	17	MF
FW	39	河辺駿太郎	村越 凱光	41	FW
FW	15	加々美登生	安藤 翼	14	FW
FW	46	中村 充孝	菊井 悠介	10	FW
交代要員					
GK	1	大久保択生	樋口 大輝	40	DF
MF	17	新里 涼	國分 龍司	30	MF
MF	20	下上 昇大	高井 和馬	9	FW
FW	19	佐藤 未勇	中村 仁郎	25	FW
FW	45	水野 颯太	浅川 隼人	11	FW
FW	99	シ ラ ス			

●得点【岩】オタボー(後34) 【松】村越(前4) 高橋(前20) 安永(前40) 菊井(前44) 安藤(後4) 浅川(後29)
●交代【岩】宮市➡新里(後0) 上笹貫➡佐藤(後0) 深川➡水野颯(後0) 中村➡下上(後21) オタボー➡シラス(後36) 稲葉➡大久保(後51) 【松】菊井➡高井(後16) 安藤➡浅川(後16) 村越➡中村(後32) 山本龍➡樋口(後32) 山本康➡國分(後41)
●警告【岩】佐藤、シラス(2回)、加々美 【松】野々村、樋口

5位 第35節 11/2 サンプロアルウィン
▶8,523人 ▶雨

松本山雅FC 1-0 テゲバジャーロ宮崎

0	前	0
1	後	0
5	SH	6
7	CK	4
17	FK	12

GK	1	大内 一生	青木 心	55	GK
DF	44	野々村鷹人	松本 雄真	24	DF
DF	4	高橋 祥平	黒木 謙吾	33	DF
DF	2	宮部 大己	遠藤 光	34	DF
MF	22	佐相 壱明	辻岡 佑真	15	DF
MF	15	山本 康裕	阿野 真拓	20	MF
MF	32	米原 秀亮	安田虎士朗	50	MF
MF	17	山本 龍平	力安 祥伍	8	MF
FW	41	村越 凱光	井上 怜	44	MF
FW	14	安藤 翼	橋本 啓吾	11	FW
FW	10	菊井 悠介	武 颯	58	FW
交代要員					
DF	13	橋内 優也	江川 慶城	35	DF
DF	40	樋口 大輝	坂井 駿也	5	MF
MF	46	安永 玲央	渡邊 星来	27	FW
FW	9	高井 和馬	吉澤 柊	18	FW
FW	11	浅川 隼人			

●得点【松】野々村(後38)
●交代【松】安藤➡浅川(後26) 村越➡高井(後26) 山本➡安永(後36) 佐相➡樋口(後36) 山本龍➡橋内(後48) 【宮】阿野➡渡邊(後35) 力安➡江川(後41) 安田➡坂井(後48) 井上➡吉澤(後48)
●警告【宮】松本、武

後半20分、右CKから同点に追いつき、喜びを爆発させる（右から）高橋、野々村、村越

昇格プレーオフ準決勝 12/1 Home

松本山雅		福島
1	-	1

失点に動じず プレスかけ主導権

同点の場合は年間上位が勝者となる規定で、12月7日の決勝に進んだ。リーグ戦から3試合連続で同じ先発。高橋が3バックの中央に入り、安永と山本康がダブルボランチを組む3－4－3で臨んだ。福島は4－3－3。松本山雅は前半10分、福島の森に自陣右サイドを突破され、クロスを樋口に流し込まれて先制を許した。0－1とリードされて迎えた後半は、守備の圧力を高めてカウンターから好機を増やすと、20分に右CKを野々村が頭で合わせて追いついた。その後もプレスで流れを渡さず、38分に橋内、米原、高井を投入して同点のまま逃げ切った。

J2昇格プレーオフ決勝進出を決め喜ぶGK大内（中央）ら

野々村 値千金同点ヘッド

1点リードされたまま時計が進む中、嫌な雰囲気を吹き飛ばす値千金の同点弾はCKから生まれた。

村越と樋口の連係から得た後半20分の右CK。「キク（菊井）のボールの質はいつもいいし、（その前も）何本か触れていた」と手応えを感じていた野々村は、少し遠い位置にポジションを取った。菊井は「高いボールの方が野々村は合わせやすい。その中でボールスピードをいつも以上に出した」と右足を大きく振り抜いた。

相手のマークを外した野々村は、どんぴしゃのタイミングで頭で合わせた。相手DFがはね返したボールを高橋が右足で押し込んだが、野々村のシュートがゴールラインを割っていたという判定。「入ったとは思っていなくて、（試合の）後で聞いた」というゴールでチームをプレーオフ決勝へと導いた野々村は「（ヘディングは）自分の武器でもある。僕のゴールで次に進めたのはうれしい」と表情を緩めた。

後半20分、同点ゴールを決める野々村（左）

J2昇格プレーオフ準決勝
12/1 サンプロアルウィン
▶12,604人 ▶晴

松本山雅FC 1 - 1 福島ユナイテッドFC

松本山雅FC		福島ユナイテッドFC
0	前	1
1	後	0
8	SH	10
6	CK	3
14	FK	15

GK	1	大内 一生	吉丸 絢梓	1	GK
DF	44	野々村鷹人	松長根悠仁	3	DF
DF	4	高橋 祥平	大森 博	5	DF
DF	2	宮部 大己	山田 将之	2	DF
MF	22	佐相 壱明	鈴 直樹	28	DF
MF	15	山本 康裕	針谷 岳晃	17	MF
MF	46	安永 玲央	城定 幹大	20	MF
MF	40	樋口 大輝	大関 友翔	14	MF
FW	41	村越 凱光	塩浜 遼	7	FW
FW	14	安藤 翼	樋口 寛規	40	FW
FW	10	菊井 悠介	森 晃太	10	FW
		交代要員			
DF	13	橋内 優也	吉永 大志	8	MF
DF	17	山本 龍平	粟野 健翔	38	MF
MF	32	米原 秀亮	上畑佑平士	41	MF
FW	9	高井 和馬	矢島 輝一	18	FW
FW	11	浅川 隼人	清水 一雅	19	FW

●得点【松】野々村（後20）【福】樋口（前10）
●交代【松】佐相➡山本龍（後17）安藤➡浅川（後31）高橋➡橋内（後38）山本康➡米原（後38）菊井➡高井（後38）【福】針谷➡上畑（後19）樋口➡矢島（後26）森晃➡清水（後26）松長根➡粟野（後43）城定➡吉永（後43）
●警告【松】高井

前半10分、福島にゴールネットを揺らされるとスタジアムは落胆と叱咤《しった》が渦巻いた。リーグ戦の最終盤、3バックに変更した松本山雅が手にした5連勝はすべて先制点を奪ったもの。霜田監督が“成功体験”と振り返った快進撃にはない、大きな試練が待っていた。

それでも、選手たちは動じなかった。鮮やかなパスワークで崩す難敵に対し「テーマは三つだった」と霜田監督。勝負の後半、一気にギアを上げた。

一つ目はボールの奪いどころ。前半こそ福島の連動した動きに後手に回ったが、「相手は内側は使ってきたけれど、こちらも人数をかけていたので怖さはなかった」と安藤。連動して高い位置からプレスをかけ、中盤に張った網で縦パスをカットし、逆襲に転じた。

二つ目の「ボールを奪う高さ」（霜田監督）も勢いが衰えない。20分に追いつき、引き分けでも決勝に勝ち上がれる有利な条件が脳裏をかすめそうなものだが、村越は「以前の僕らなら守りに入っていたかもしれない」。安永は「引いたら負ける。みんなで勇気を持って前から（プレスを）かけようと話した」と主導権を渡さなかった。

パスでつなぐスタイルを掲げながらリーグ戦は苦戦。最終的に堅守速攻に転換したものの、橋内は「積み上げてきたものを捨てたわけじゃない」と語る。その言葉通り、カウンターを狙いながらも敵陣に入れば冷静にパスをつないで福島の体力を消耗させた。指揮官が三つ目に挙げた「ボールを奪ったら何ができるか」というポイントもきっちりクリアしてみせた。

安藤は「リーグ戦の失敗体験をしていなければ、今日の戦いはできなかった。監督は『負けを単なる負けにするな』と言い続けていた。今はその意味が分かる」と言葉に力を込める。

最短距離ではなかったが、迷いながらも前を向いて歩き続けてきたJ2復帰への道のり。一丸となって最後の重い扉をこじ開けられるか。

勝ちに等しい引き分け

霜田監督　勝ちに等しい引き分けだった。選手は気持ちのこもったプレーをしてくれた。もちろん2点目を取りたかったし、前半のワンプレーで失点したことは反省しなければいけない。ただ、次のステージに進みながら反省できる。これまで積み上げてきたものを最後に出せればいい。僕らが感謝を伝えるには結果を出すしかない。（決勝は）結果を出して、勝って帰ってきたい。

野々村（手前右）の同点ゴールに沸くサポーター

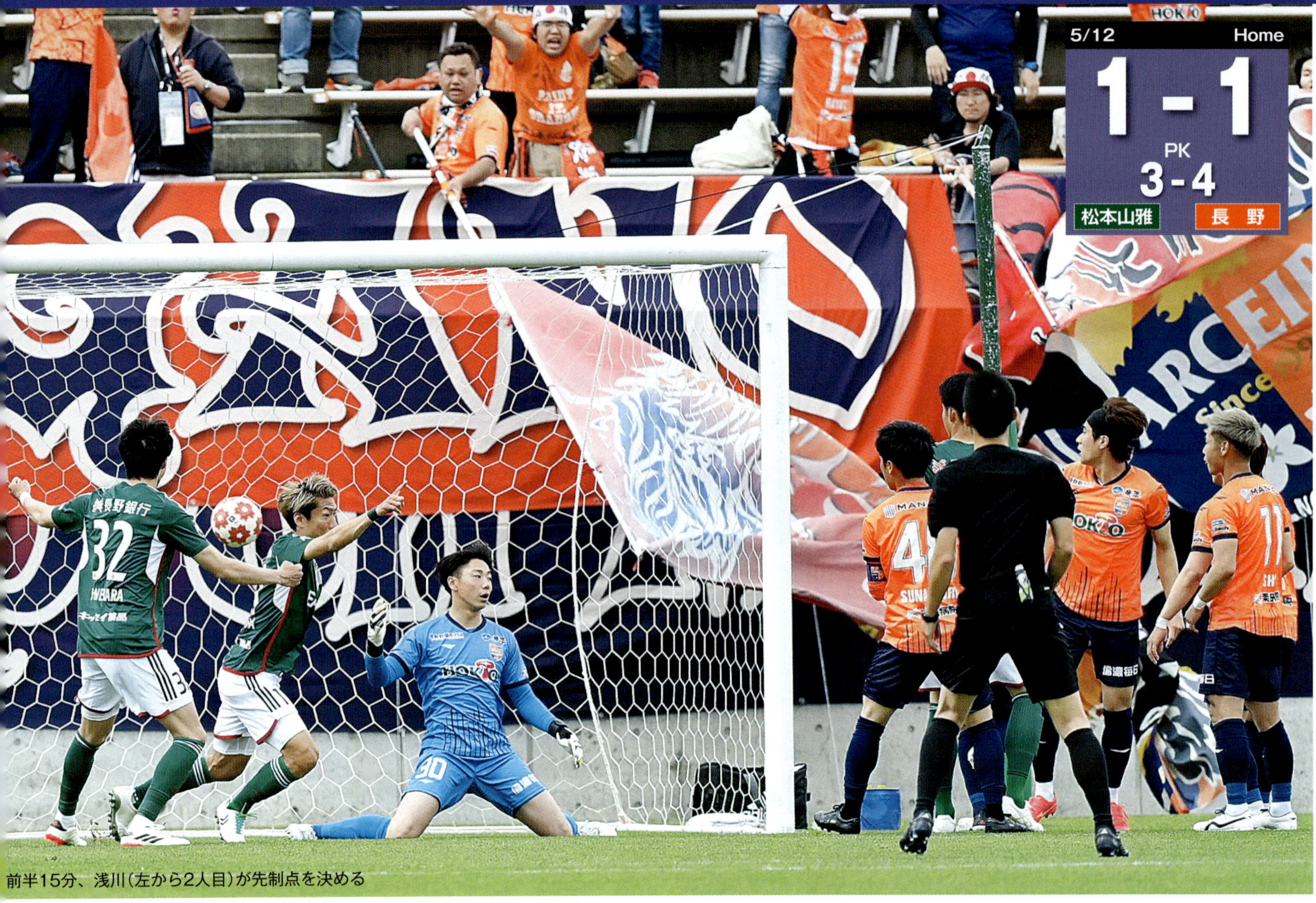

前半15分、浅川（左から2人目）が先制点を決める

逃げ切れず 見えぬ「原点」

J3の松本山雅とAC長野の決勝カードは3年連続。直近のJ3リーグ戦から松本山雅は先発3人、AC長野は先発10人を入れ替えた。松本山雅がロングボールでゴールに迫り、前半15分の右CKを浅川が右足で合わせて先制した。AC長野もショートカウンターで好機をつくったが得点には至らず、松本山雅が1点をリードして折り返した。後半はAC長野がテンポの良いパス回しで好機を増やし、終了間際の47分に忽那がFKを直接決めて同点に追いついた。前後半15分ずつの延長は両チームとも無得点に終わり、PK戦に突入。AC長野は2人が失敗したが、GK松原が松本山雅の3人目と5人目を止めた。松本山雅の6人目が外し、AC長野が激戦を制した。

PK戦でAC長野に敗れ
肩を落とす選手たち

5/12 サンプロアルウィン
▶5,022人 ▶晴

松本山雅FC 1 - 1 AC長野パルセイロ
PK 3 - 4

松本山雅FC		AC長野パルセイロ
1	前	0
0	後	1
0	延前	0
0	延後	0
8	SH	16
8	CK	10
20	FK	13

GK	1	大内 一生	松原 颯汰	30	GK
DF	5	常田 克人	大野 佑哉	7	DF
DF	17	山本 龍平	工藤 駿	29	DF
DF	44	野々村鷹人	砂森 和也	48	DF
DF	48	藤谷 壮	小西 陽向	13	MF
MF	14	安藤 翼	森川 裕基	16	MF
MF	32	米原 秀亮	忽那 喬司	17	MF
MF	46	安永 玲央	パクスビン	26	MF
FW	11	浅川 隼人	安藤 一哉	33	MF
FW	22	佐相 壱明	碓井 鉄平	40	MF
FW	23	滝 裕太	進 昂平	11	FW
交代要員					
DF	2	宮部 大己	小林 佑熙	15	DF
DF	4	高橋 祥平	西田 勇祐	24	DF
MF	6	山口 一真	丹羽 匠	28	MF
MF	30	國分 龍司	イスンウォン	35	MF
MF	41	村越 凱光	橋田 尚希	36	MF
FW	33	新井 直登	木原 励	22	FW

●得点【松】浅川（前15）【長】忽那（後47）
●交代【松】滝➡山口（後29）安藤➡新井（後29）藤谷➡宮部（後40）佐相➡高橋（後40）浅川➡村越（後43）米原➡國分（延後6）【長】碓井➡丹羽（後18）進➡イ（後34）森川➡小林（後34）安藤➡木原（後40）パク➡橋田（延後0）忽那➡西田（延後8）
●警告【松】浅川、米原、滝、佐相【長】忽那、碓井